60歳から地方議員になってみる

「定サラ」よ、夢とやりがいがそこにある…かも！

伊藤惇夫 著

世界書院

まえがき

定年になったからって、「終った人」なんかになる必要はまったくない。これからが新しい人生の幕開けだ！チャレンジしようと思えば、可能性は無限大…とまでは言えないけど「かなり」広がっている。

「キョウイク」（今日行くところがある）と「キョウヨウ」（今日用事がある）だけの時間潰しでいいのか？孫の相手で過ごすだけでいいのか？無理やり家庭菜園をやるだけでいいのか？痛む腰を我慢してゴルフに行くだけでいいのか？

やれることはまだまだいくらでもあるのに、それをしないままの定年後人生なんて、つまんないだろう。そう思ったら、ちょっと考えてみないか？

例えば、思い切って政治家になっちゃうなんてどうだろう。国会議員ではない。地方政治家だ。「ムリムリ」と言う前にとにかく、ページをめくってみてほしい。ひょっとしたら、そこにはとんでもなくワクワクする世界が広がっているかもしれない。

「定年サラリーマンよ、退志を抱け！」つまり「退職後の志」だ。新しい世界が開けるはずだ、きっと！

目次

第1章

夢とやりがいが
そこにある…かも

定年後のロング・バケーションは「人生の楽園」ですか?

サラリーマン「だった」あなた。あるいはもうじきサラリーマンでなくなるあなた。朝、目覚めて、最初に考えることは何ですか。現役時代なら、「今日は9時半から会議だな。資料は準備できていたっけ」だとか、「営業先の○○産業にアポを取らなくては」、あるいは「あーあ、今日もまた部長のぶっちょー面を見なくてはいけないのか」なんてところかな?

そんなことを考えながら布団を抜け出し、慌ただしく洗顔や歯磨きを終え、ろくに味わうひまもなくトーストをかじり、スーツに着替えて家を飛び出す…というのがまあ、よくあるパターンではないだろうか。

でも、目覚めた瞬間に頭に浮かぶことが、もし「今日は一日、何をして時間をつぶそうか」だったら? おまけにそれが20年も続くとしたら? そう、定年を迎えたサラリーマンの中には、そんな日々を過ごしている人が、かなりいるはずだ。これ、結構つらいよね。やることがないっていうか、やることを探さなきゃいけないっていうのが。

それまでは、いやな上司にパワハラまがいの「いじめ」を受けたり、ノルマに追いまくられたり、OLたちに「それ、セクハラです」と言われないように気を遣ったり…。理不尽な人事異動もあったし、時に出世競争をしているライバルを蹴落とすために、心の中で自分を軽蔑しながら汚い画策をしたことも。そもそも「これが俺の人生か」という根源的な疑問を抱きながら、それでも会社のため、出世のため、家族のため、給料のために頑張ってきた何十年。それが定年とともに、すべてが過去になる。

たぶん、初めのうちは解放感に浸るだろう。時間に縛られることも、通勤電車の中で窮屈な思いをすることも、取引先や上司に下げたくもない頭を下げることもしなくていい。スーツを着なくてもいいし、ネクタイもいらない。自分の時間は、すべて自分のもの。ゆっくり食べる朝食が、こんなにもおいしいなんて…。まさに長〜い休暇（ロング・バケーション）ではないか。

でも、そんな楽しい気分がいつまで続くのかな？　僕の個人的な実体験で言うと、せいぜい1〜2カ月がいいところかもしれない。というのも、僕は政治の世界（政党事務局）に30年ほど身を置いたが、その間、自民党を振り出しに、新進党→太陽党→民政党→民主党と、「業界内」ではあるものの何度も〝職場〟を変えている。他党に移る際、いろいろな事情から数カ月ほど「人生の中休み」も経験したことがある。ちなみに、政党の事務局と言うと、何か特殊な職場に思えるかもしれないが、選挙などの特別の時期を除けば、勤務時間は午前9時から午後5時まで、土日は休みで有給休暇もあるし、月給制でボーナスもある。ごく普通のサラリーマンとほとんど変わらない。もっとも僕の場合、政党を変わるたびに、なぜか給料が減っていったけど。

さて、初めのうち「中休み」は楽しかった。早起きしなくてもいいし、いやな相手と酒を飲まなくてもいい。政治の世界はキツネとタヌキの化かし合い、昨日の敵は今日の友なので、微妙なやり取りに神経をすり減らすことなど日常茶飯事だが、それからも解放された。で、何十年かぶりにプライベートで海外旅行にも出かけた。でも、楽しめたのは最初の1カ月くらい。そのあとは、あんなに政治の世界がいやになっていたくせに、「早く仕事がしたい」という思いが日増しに強くなっていった。理由は簡単。何もしないことに「疲れた」からだ。

幸い僕の場合、「中休み」はせいぜい数カ月ほどで終了した。53歳で政治の現場を離れたあとも、しばらくは「腑抜け」状態だったが、気が付けばなぜか政治アナリストとして本や雑誌などの原稿執筆、テレビやラジオへの出演、年間で平均40~50回ほど全国各地に出向いての講演活動など、今も仕事が途切れることはない。

でも、僕のようなケースは極めてレアだろう。われながら運（悪運？）がよかったというほかない。今や数少なくなったが、僕と同世代で、今も第一線でバリバリ仕事をしている友人たちと話しているとき、必ず出てくる話題が「俺たち、まだ仕事があってよかったな」であり、「もしも仕事がなかったら、毎日をどうやって過ごしているだろう」だ。

今の仕事に変わってから、時として政治の現場にいた頃よりも多忙だと感じる時期もある。そうした多忙な時期、ようやくちょっと時間が空くと、趣味のバイクで数時間か、長くて半日ほどのツーリングに出かけることがあるが、そんなときほど気分は上々。逆に時間があり余っているときのツーリングは、同じようなルートで、同じような天候の中を走っているのに、もう一つ気分が乗らない。というか、多忙な時のツーリングほど楽しめない気がしている。個人的な見解になるかもしれないが、たぶん忙しく仕事をしているからこそ、つかの間の自由時間にやる「仕事以外の何か」が楽しく思えるのではないかな。時間に種類があるわけではないけど、多忙な中、やっと手に入れた貴重な自由時間は、「重み」が違うような気がする。

エリートサラリーマンも「ただの人」になる

そういえば僕が30代半ばの頃、民間企業の中堅幹部や幹部候補生たちが企業から派遣される形で集まった勉強会に参加したことがある。この「フォーラム80」という勉強会は、日本を代表する国際派エコノミストであり、大平正芳政権で外務大臣を務めた大来佐武郎（おおきたさぶろう）氏（1914〜1993）が、戦前、世界的な視野を持った若者を育成するために作られた「昭和塾」を見習って設立したもの。僕を除けば、日本を代表するような大手企業の幹部候補生、言い方を変えれば「エリート・サラリーマン」約30人が1年間、週一で集まり、講師の話を聴いたあと、酒を飲みながら講師も交えて議論するという形式の勉強会だった。

あれからもう40年近くなるが、そのときのメンバーの一部とは、未だに年1回程度の「同窓会」を開いている。当時から幹部候補だった顔ぶれだけに、その後、多くがそれぞれの会社で出世の階段を駆け上がり、常務や専務、副社長となった者も少なくないし、中には社長にまで上り詰めたメンバーもいる。そんな彼らとたまに会うと、オーナー企業の経営者になっている者を除けば、大半がすでに現役を引退している。現役時代はいかに社会的なステータスの高い地位に就いていた者も、日本を代表する企業の幹部だった連中も、今やただの定年になったサラリーマン（ここからは「定サラ」と呼ばせてもらう）であり、「終った人」に過ぎない。

おそらく彼らの多くは、一般的なレベルより経済的には余裕があるはずだ。退職金もそれなりの金額だろうし、企業年金をたっぷりもらっている人もいるだろう。でも、顔を合わせれば出てくる話題は、ご多分に漏れず不健康自慢。やれ「腰が痛い」だの「血圧が高い」だの、「毎日、馬に食わせるほどの薬を飲まなくてはならない」などと嘆き、近況報告となれば「大学時代はボート部だったので、今もその顧問をやっているんだ」とか「最近、詩吟に凝っていてね」とか「古地図を見ながら東京の街を歩くと楽しいんだよね」「カミさんと年に2回は海外旅行でね」だとか…。それはそれでそれなりに楽しんでいるのだろうし、別にケチをつけるつもりはないけれど、彼らの話の端々に一抹の寂しさを感じるのは気のせいだろうか。

彼らのうちの一人が、こんなことを言っていた。

「定年後に大切なのは『キョウヨウとキョウイク』なんだよね。『教養と教育』じゃないよ。『キョウヨウ』は『今日、用事がある』で、『キョウイク』は『今日、行くところがある』という意味だ」

近所に子供の頃から天才とか神童とかと呼ばれ、中高一貫の私立の有名進学校から一流大学に進み、卒業後は大手製造会社に入社、役員まで務めた人がいる。定年後の彼とばったり出会ったとき、こんなことを言っていたっけ。

「とにかく暇でね。家にずっといるのも気まずいから、今は警備員の仕事に就いて、横浜の倉庫に通っているよ」

小学校の同級生で県立の進学校から工業系の大学に進み、長年IT関係の会社で活躍していた友人は今、家の近くのセルフ給油所で深夜勤務のバイトをしている。理由は「とにかく暇が嫌いなんだよね」とのこと。

彼らは皆、サラリーマンとして、それなりに「功成り名を遂げた」人たち。会社の中枢である経営陣の一角として仕事をする中で、さまざまなスキルを身に付けているに違いない。いや、たとえ出世に縁のないサラリーマン生活を送った人でも、それぞれが得意分野やスキル、経験値を持っているはず。そんな人たちが、はっきり言って定年後の何十年を「自分のためだけ」に使っているのって、実は社会にとっても本人にとっても、ものすごくもったいない気がする。彼らをゴミ扱いするつもりは毛頭ないが、今や世界は「循環型社会」の時代。「3R」（リユース、リデュース、リサイクル）が叫ばれている。人材だって同じだろう。「定サラ」は、ある意味、人材の宝庫ではないか。彼らの中には「もっと働きたい」「社会とつながっていたい」「自分の経験を活かしたい」「社会に貢献したい」「終った人になりたくない」と思っている人がたくさんいるはずだ。極端なことを言えば、「定サラ」のリユースこそが日本を救うかもしれないのでは？

もちろん、「定サラ」と言っても事情はそれぞれ、さまざまだろう。例えば退職金一つとっても、企業の規模や学歴、一時金制度か企業年金選択制かによっても事情は変わってくる。ちなみに、厚生労働省の賃金事情等総合調査によると、退職金は大企業の場合、大学卒で2289万5000円、高校卒では1858万9000円に対し、中小企業（従業員数50〜300人）では、大学卒で1118万9000円、高校卒が1031万4000円と、最大で1000万円以上の開きがある。また、従業員数100人以下の中小企業の22・4％に退職金制度そのものがないという現実もある。

全就労者に占める中小企業就労者の割合は、およそ70％と言われているから、この人たちの多くは老後に備えた十分な退職金をもらえるとはとても思えない。その他、60歳になっても家のローンを抱えている人や、子供たちが学生で教育費がかかっている人など、まだまだ働かなければならない人たちがいるだろう。もしかしたら、老老介護で暇な時間などまったくないという人もいるかもしれない。

ただ、その一方で、経済的にはある程度の余裕があり、退職金もそこそこもらえて、家のローンも完済したし、子供たちも巣立って、65歳になれば年金がもらえるから無理に働かなくても老後の心配はそれほどないという人も、一定程度はいるのでは？

そんな人たちの退職後の過ごし方はどうか。趣味の世界を持っていて、「いくら時間があっても足りない」という人や、地元のボランティア活動や地域の世話役として動き回ることに充実感を感じる人、もしかしたらたっぷりの時間を「何もしない」で楽しむ人もいるはずだ。奥さんがとても理解があって、寛容な人だったらという条件付きにしても。僕の周りの「定サラ」を見ていると、定年後にいわゆる家庭菜園を始める人が少なくない。土と接することで心は癒されるし、収穫の喜びもある。隣近所や子供たちの家庭に、育った野菜をお裾分けすれば喜んでもらえる。家庭菜園に精を出すのはとてもいいことだ。でも、そんな「定サラ」の一人から、こんな話を聞いたことがある。

「実は、最初のうちは楽しかったんだけど、だんだんおっくうになってきた。でも、家庭菜園をやっていると、とにかく時間がつぶせるんですよ。何しろ、畑って、毎日のように様子見や手入れが必要だからね」

もしもあなたがそんな環境の中、朝起きて「今日は何をして時間を埋めようか」と考える日々を送っているとしたら、それが延々と20年も30年も続くと思われる生活を送っているとしたら、あなたはそれで満足ですか。日本人の平均寿命は男性が81・47歳、女性は87・57歳。この、それなりに長い時間を使って何か、もう一つ、人生に彩りを加えてみたいとは思いませんか。

いまだに60歳定年が主流の日本

急速に進む高齢化社会と世界に類を見ない人口減少。国立社会保障・人口問題研究所（厚生労働省の施設等機関）によると、日本の総人口は2030年に1億1662万人となり、2050年には8674万人まで減少するという。当然ながら生産年齢人口（15〜65歳）も2030年は6773万人で、2050年には4418万人にまで減少する。一方、高齢化も深刻だ。総務省統計局によれば、2021年には65歳以上の高齢者人口は3640万人で、全人口に占める割合は29・1%、これが2050年には3626万人と絶対数は微減となるが、これは「分母」が小さくなる、つまり総人口が減るからで、高齢化率は39・4％にまで上昇する。

こうした状況を受け、国も指をくわえて見守っているわけにはいかないということで、それなりの対応を見せ始めてはいる。例えば雇用政策。2012年に「高齢者雇用安定法」が改正され、「原則希望者全員の65歳までの雇用の義務化」が明記され、さらに2020年の再改正（2021年4月施行）で「70歳まで働く機会の確保を努力義務」とすることになった。まあ、生産年齢人口の減少を高齢者で補おうという「下心」みたいなものも垣間見えるが。

そういえば安倍晋三さんは、史上最長の首相在任だったことは事実だが、『これは』という実績や功績は？」と問われると、なかなか出てこない。加えて言えば、コロナ禍で国民が不安や、苦しみ、恐怖に陥っていたときに「お腹が痛い」ことを理由に政権を放り出した。ついでに言うと、この人、放り出した直後から元気いっぱいだった。凶弾に倒れたことは衝撃だったし、心からお悔やみ申し上げるとして、この人、「看板」になるようなピカピカのスローガンを掲げ、それが色あせると即座に真新しい看板に架け替えるのが、実にうまかったと記憶している。「3本の矢」から始まって「地方創生」「働き方改革」「一億総活躍」「人づくり革命」…。そんな看板の一つに「女性活躍」というのもあったが、これも要するに人手不足解消のために、家庭にいる女性を引っ張り出して、スーパーのレジ打ちなど、いわゆるパート中心の仕事で働かせようという狙いが見え見えだったような気がする。振り返ってみて、これらの看板のどれか一つでもまともに実現したものがあったっけ。

厚生労働省が公表している「労働力調査」（2021年）によると、日本の総労働人口は約562

9万人で、このうち正規労働者（つまりはサラリーマン）が3565万人、非正規労働者が2064万人（うちパートが最多の1018万人）。さらに、同省の「賃金構造基本統計」（2020年）というデータを見ると、正規労働者の平均年収が521万5000円で、非正規が294万1000円。

「300万円の壁」という言葉をご存じだろう。「年収が300万円を超えないと、生活への不安から結婚に踏み切れない」という意味だ。非正規の場合、一生300万円以下の年収しか得られない人が少なくない。とすれば、結婚できない人がこれからも増えるだろうから、「少子化は食い止められない」ということになるわけだ。一方、正規だって楽ではない。彼らの年収は5年間、全く上がっていないどころか、この20年で見るとサラリーマンの年収はわずか4・4％しか上がっていないというから、驚きだ。

ちなみに、アメリカはこの間に約50％上昇しているし、お隣の韓国も30％以上上昇しているのに。一方、今やこの国では、終身雇用や年功序列といった日本型雇用形態の時代は、すっかり過去のことになってしまった。そのうえ、賃金はほとんど上がらない。「リストラ」や「希望退職」という名の首切りも横行している。この国のサラリーマンは今、厳しい「冬の時代」を迎えていると言ってもいいだろう。ただ、その意味では、すでに定年を迎えた人や、もうすぐそこまで定年が近づいている人たちは、もしかしたら今の若い世代に比べて、恵まれたサラリーマン人生を過ごせたのかもしれない。年金制度だって、この世代まではなんとか持ちそうだ。だとしたら、「あとは知らないよ」ってケツをまくるのは、ちょっと気が引けませんか。

さて、話を戻す。「当事者」の皆さんはとっくにご存じのことだとは思うが、改めて指摘しておくと、法改正によって一見、高齢者の働く場が広まったように見えるが、ここで〝曲者〟は「原則」と「努力義務」だ。「原則」である以上、例外や特例がある。「守らなくてはならない」という縛りはない。「努力義務」である以上、「努力する義務はあるけど、努力した結果できませんでした」となっても、責められることはないというわけ。では、実態はどうか。数字を見れば、いかに「建て前」と現実が乖離しているかがわかる。

厚生労働省の「高齢者雇用状況集計結果（２０２０年）」によれば、60歳定年としている企業は全体の約87％で、65歳定年が増加しているとはいえ、まだ18・4％（中小企業は19・2％、大企業は11・9％）にとどまっている。確かに、65歳までの雇用を確保している企業は99・9％であり、この数字だけを見れば、ほぼすべての企業が「65歳まではそれまでどおり働ける」ように見えるが、実はこれ、「表面（おもてづら）」に過ぎない。なぜなら、その中身を見てみると、65歳までの雇用を確保している企業のうち、定年を廃止したところは、わずか2・7％。正式に（？）65歳まで定年を延長した企業が20・8％なのに対し、継続雇用が76・9％を占める。さらに、この継続雇用のうち希望者全員が継続して雇用される企業が56・9％に対し、基準に該当する者だけが継続して雇用されるとする企業が19・5％である。この部分に関しては企業側に継続雇用の可否を判断する権限があるわけだ。なので、自分では65歳まで働き続けるつもりでも、会社から「不要な人材」と見られ、「あなたは会社にとって、もういらない人材です。60歳で辞めてもらいます」と言われたら、「はい、それまで」ということになる。

　さて、釈迦に説法かもしれないが、問題はこの「継続雇用」制度だ。継続雇用制度には、2種類ある。一つが「再雇用制度」で、もう一つが「勤務延長制度」だ。再雇用制度は60歳で一応の区切りが来て、退職金がもらえる（退職金制度があればだけど）代わりに、その後は契約社員や嘱託社員などという新たな雇用形態で企業と契約するシステム。一方の勤務延長制度は、退職せずにそれまでの雇用形態を維持したまま雇用を延長するというもの。このうち、現在、多くの企業が採用しているのは再雇用制度のほうだ。

　というわけで、一見、この国では「65歳定年制」が定着しているように見えるが、それはあくまでも「表面（おもてづら）」のこと。「継続」と言われて同じ会社に残れはするが、一度「退職」したうえで改めて雇われることを意味するのが「再雇用」。これを「継続」と呼ぶことがはたして正しいのかどうかは、大いに疑問である。なんだか言葉のマジックで、ごまかされているような気がするのは僕だけだろうか。そういえば、この国の政府は、言葉のすり替えで事実や実態を覆い隠すことが得意だ。先に触れたが、女性をパートなどの安い賃金で使える「資源」として家庭から引っ張り出すことを目指した政策が「女性活躍」だし、明らかにカジノで儲けることが狙いなのに、「ＩＲ」（統合型リゾート）と言い換えることで国民の抵抗感を減らそうとする。場合によっては米軍の要請で戦闘に加わることになるかもしれない集団的自衛権を認めた安保法制は「平和安全法制」と強引に呼ばせる。実質的な移民政策は、なぜか「外国人材の活用」だし、最近では「敵基地攻撃能力」がいつの間にか「反撃能力」

に…。

それはともかく、再雇用となったサラリーマンは、どんな立場に置かれるのだろうか。言うまでもなく、ほとんどの場合、役職はなくなる。昨日まで「課長、決済お願いします」「部長、今夜の○○社との会食は、例のステーキハウスを予約しておきました」などと言われていたあなた、今日からはただの「××さん」として生きていくことになるのはわかっていますよね。場合によっては、今まで自分の部下だった後輩が上司になることだってあるだろう。昨日まで「おい、○○くん」と呼んでいた後輩に、今日からは「○○課長、これでよろしいでしょうか」なんて言わなきゃいけなくなることもあるだろう。もちろん、それは覚悟のうえに違いない。出世競争の途中で、追い越されたり追い越したりを経験した人もいるだろう。役員まで上り詰めた者は別にして、周りの誰もが同じ道をたどっていくわけだから、特にそれが苦痛だとか、理不尽だとかは思わないはずだ。でも、心のどこかに、「モヤモヤ」としたものや、頭ではわかっていても納得しきれない気持ち、一抹の寂しさといった複雑な感情がよぎることはないと言い切れるだろうか。

言うまでもないが、役職手当はなくなるし、給料も下がる。独立行政法人労働政策研究・研修機構（ＪＩＬＰＴ）の調査によれば、再雇用サラリーマンの約8割は定年退職した者で、仕事内容がほとんど変わらないにもかかわらず、給与は大幅に減少しているという結果が出ている。同機構の調査では、再雇用によって賃金が20～60％減少した人は約7割と、ほとんどの人がこの範囲に集中している。その中で最も多いのが41～50％減少で、全体の24％を占めている。

経済的な理由や家庭の事情で働き続けなくてはならない人がいるだろう。「いや、給料は問題ではない。仕事が続けられれば」という人も、もちろんいるだろう。ただ、一方で、「そんな扱いを受けるくらいなら、いっそのこと60歳ですっぱり辞めて、別の人生を歩みたい」と考える人もまた、少なくないのでは？　そうした人たちに、一つ提案がある。ちょっと視点を変えて、「新たな世界」に飛び込んでみませんか？　思い切ってサラリーマン時代の自分と決別してみる。すると、まだまだあなたにはさまざまな選択肢があることに気付くのでは？　そこは確かにこれまで全く無縁だった世界だし、考えてもいなかった世界かもしれない。でも、思い切って飛び込んでみたら、サラリーマン時代に身に付けたスキルが生かせたり、実は自分の中に潜んでいた意外な適性が浮かび上がったりして面白い世界が広がったり…。もしかしたらものすごくやりがいのある仕事が、そこに待ち構えているかもしれないよ。

第2章

衰退し続ける地方だからこそ

そこに〝やりがい〟が待っている

　さて、ここからは「地方の疲弊や衰退が、いかに深刻な状況にあるか」という問題について語っていく。なぜ唐突に話題を変えるかといえば、もちろん先刻ご承知だと思うけど、これが「本題」につながるからだ。

　この国では、もう何十年も前から「地方自治」だの「地方主権」「地方分権」などという掛け声や、スローガン的な言葉が飛び交ってきた。ちょっと脱線するが、1998年に旧社会党と新党さきがけをルーツとする旧民主党と、新進党の解体により、漂流状態にあった自民党系や旧民社党系の人たちが合流して民主党が誕生した。その民主党がのちに政権の座に就いたものの、三年余りで幕を閉じ、そのあと党が崩壊したことを覚えている人も少なくないはずだ。僕はその民主党の初代の事務局長になったが、それまで付き合うことのなかった旧社会党系の人たちと一緒になってみて、その「文化」の違いには驚くことばかり。例えば、彼らの仲間同士の会話の中には、「オルグ」（労働組合や左翼政党の中で、運動を組織したり、拡大したりすること）などという「前世紀の遺物」のような言葉が、ごく普通に出てくることにびっくり仰天したことは、その象徴だろう。

　民主党結成から間もない頃、地方選挙が迫ってきた。その対応を協議するための会議を開いたのだが、具体的な選挙態勢の話に入る前に、この選挙を何と呼ぶかについて不毛な議論が展開された。というのも、われわれ保守系の人間は、広く一般に使われていて、メディアでも当たり前のように使われている「統一地方選挙」と呼ぶのを当然だと思っていたが、旧社会党系の人たちは違っていた。彼らはどうしても以前から彼らが使っていた「自治体選挙」という名称を使いたいと言って一歩も譲らない。「呼び方などはどうでもいいし、一般的に使われているのが統一地方選挙なのだから、政権を目指す政党として、それを使うのが自然ではないか」と保守系の人たちが言っても、彼らは頑として「いや、自治体選挙だ」と言い続ける。結局、2時間余りもくだらないこだわりから出た意見を戦わせる議論を繰り返したあげく、決まったのは、なんと「統一地方自治体選挙」。「地方選挙」だろうが「自治体選挙」だろうが、そんなことにこだわっている暇があるなら、本気で地方のことを考えろと言いたくなったのを覚えている。ちなみに、その民主党の「末裔」(?)である立憲民主党は未だに「自治体選挙」にこだわっているらしい。だから、この政党からはそこはかとなく「社会党臭」が漂ってくるのかもしれないね。

どこへ行ったのか「道州制」

それはともかく、少し前までは「道州制」が地方再生の切り札といった主張が横行していた。僕はどうしてもそれを理解できなかった。だって、確かに道州制によって行政の効率化は進むだろうが、道州間の経済格差を調整するのは結局、国の役割になるだろうし、道や州の「都」への人口や経済の集中が進むことで、それ以外の地域の過疎化は、むしろ強まるだろうから。そういえば、安倍政権の看板政策の一つも「地方創生」で、未だに担当大臣も置かれている。政治家たちは口を開けば「国土の均衡ある発展」などと言うが、では、地方の自治権や主権は確立されたのか、いかにも地方の活性化の特効薬のように扱われていた道州制はどこに行ったのか、地方は「創生」されたのか。答えは言うまでもなく「ノー」だろう。都市部に比べて格段に進む地方の高齢化はスピードを増すばかりだし、人口流失による過疎化は一向に止まらない。都市部と地方とのあらゆる面での格差は拡大する一方だ。地方の再生や活性化に関して言えば、「政府のこれまでの政策は、すべて成果ゼロだ」と断言してもいいのではないか。

コロナ禍の影響によってリモートワークが進んだことから、地方への移住者が増えているという報道が目に付くようになった。「自然の中での子育ては最高です」「物価が安くて、とても住みやすいです」などと、にこやかに語る人たちがテレビに登場することが少なくない。だが、それはあくまでも、環境に恵まれたほんの一部の人に過ぎない。皮肉を言えば、コロナに頼らなければ、地方への移住促進はできないのかと思うと、なんだか情けなくなってくるが…。

確かに都市部への人口流入は低下傾向にある。2016年時点で流入人口が増えているのは東京圏のみ。名古屋圏は横ばいで大阪圏は微減だという。2021年の人口移動調査によると、東京都への転入超過は過去最少の5433人だった。ただ、よく見ると、東京からの転出先の大半は埼玉、千葉、神奈川など「東京圏」が中心で、全体としての「一極集中」は続いている。名古屋圏と大阪圏も似たようなものだろう。要するに、地方の衰弱や衰退という傾向は何も変わっていないということだ。これに対して国も当の地方も、今のところ効果的な打開策は持っていないと言っていい。

総務省によれば、2020年の国勢調査の結果、人口減少率や財政力の法的基準を当てはめると、東京23区を除いた全国1718市町村の51・5％に当たる885市町村が「過疎地域」に指定されることになるという。過疎自治体が5割を超えるのは1970年の指定制度開始以来、初めてだ。過疎化の進行はとどまるところを知らない。ついでに言うと、総務省の定める過疎地域の要件は、45年間で人口が32％以上減少したことや財政力指数（収入額を需要額で割ったもの）が0・5以下であることなどとなっている。

過疎化が進めば当然ながら、それに伴って経済・産業活動が縮小する。その結果、地方自治体の税収は減少する。一方で高齢化は進行し、社会保障費は増大していく。となれば、それまで受けられていた行政サービスが受けられなくなることになり、生活の利便性がどんどん失われていく。交通網と商業施設の減少も地域に住む人たちにとっては、さまざまな形で「住みやすさ」を奪っていく。人口減少は教育にも影響を与えるだろう。小中学校の廃止や統合が進むことで、通学や課外活動に支障が出てくるからだ。さらに、高齢化や人口流失による耕作放棄地の増大は、国土の荒廃につながる。

かつて、田中角栄元首相は「日本列島改造論」を唱えた。簡単に言えば、全国に新幹線網と高速道路網を張り巡らすことで、最終的には都市部と地方との格差を解消しようというものだった。結果的に、この構想には土地の騰貴を招いたことなどの弊害は少なくなかったし、そもそもこうした狙いが正しかったのかどうかについても議論が分かれるところだろう。ただし、間違いなく言えることは、「三国峠をダイナマイトでぶっ飛ばせば（ふるさとの）新潟に雪が降らなくなる」（角栄）という言葉が象徴するような、従来型の発想に捕らわれない、大胆で壮大な構想だったということ。また、大平正芳元首相は「田園都市構想」を掲げたが、その中身は歴史や文化を踏まえた都市と地方との有機的連携や役割分担であり、地方が自らで完結して生活できる地域のあり方などを徹底的に考察した、これまた壮大な国家改造計画だった。残念ながら大平が急逝したことで、この構想は日の目を見なかったが。

その大平が率いた宏池会という派閥の後継者である岸田文雄首相のスローガンの一つに「デジタル田園都市構想」というのがあったような気がする。その中身は世界から大幅に後れを取っている日本のデジタル化を進めるというだけのこと。こんなごく当たり前のことを、さも「大構想」のように語られてもシラケるだけだ。ことほどさように、今の政治家に、それこそ日本地図を俯瞰したような、ある意味で「国家改造」につながるような発想を求めても、まず無理だろう。そもそも、角栄やその盟友だった大平、ライバルだった福田赳夫（たけお）たちに象徴される当時の政治家と今の政治家では、明らかにスケールが違う。

こんなスケールの小さい、しかも目先だけの政権運営が続く中、実は地方ばかりではなく、国全体でも急速に劣化が進みつつある。象徴的なのが、かつては世界のトップを走っていた先端技術分野の衰退だ。携帯電話や、パソコン、液晶テレビ、半導体などの、ほとんどすべてが壊滅的状態に陥っている。国のお金を4000億円以上も出して台湾の半導体メーカーに来てもらわなければならないという現実が何を意味するかは言うまでもないだろう。

〝江戸時代〟の三百諸侯を考えてみる

話を地方に戻すと、このまま地方は衰退し、やがては限界集落の集合体になってしまうのだろうか。それを食い止める術はないのだろうか。もしもそうなれば、この国全体が衰退していくことになりはしまいか。国が頼りにならないことはもう、認めざるをえない状況に立ち至っている。ならば、まずは地方がその危機感をしっかりと受け止め、自らのアイデアと努力、工夫で、少しでも明るい兆しへ向かって歩むしかないではないか。

地方の活性化という点で、これは勝手な思い付きかもしれないが、もしかしたら、ちょっとしたヒントになるのではないかと、ひそかに考えていることがある。僕はこれまで約20年間、あちこちから声をかけてもらって全国各地で講演をやってきた。年間平均で40~50回ほどになるから、すでに1000回近い。自慢するわけではないが、もうかなり以前に全国47都道府県は制覇（?）している。その講演先は多くが地方都市だ。講演はほとんどの場合、日帰りで、駅または空港でピックアップされ、ホテルなどの会場へ一直線で、講演が終わると直ちに駅または空港に送り届けられるというパターンが大半である。それでも、車の窓から街並みを眺めたり、講演前に短いながらも時間のあるときは街の中を散策したりすることで、なんとなく、その町の「今」が見えてくる。

とにかく、どこの地方に行っても、まず目に入るのは「同じ風景」だ。ひと昔前には人が行き交い、「いらっしゃい。今日はリンゴが安いよ」「おじさん、相変わらず元気だね。何歳になったの」「これ、2つ買うから安くしてよ」などという商店のおやじさんと客との会話が飛び交う光景が日常だった駅前の商店街は寂れ、シャッターの閉まった店舗が目立つ。それは県庁所在地、つまりは地方の中核的な都市でも同様だ。少し前、講演に訪れた東北地方の誰もが知っている県庁所在地ですら、駅から100メートルも進むと、もう「シャッター街」になっていて、ちょっと驚いたことがある。

その一方で、全国どこに行っても幹線道路沿いには、全国展開する大型ショッピングモールやチェーン展開する飲食店、各自動車メーカーのディーラー、中古車販売店、コンビニなどが立ち並ぶ。極端な言い方になるかもしれないが、地方はみんな同じ「顔」をした街になってしまった。目隠しされてどこかに連れていかれ、そこで目隠しを取って「ここはどこでしょう？」と言われたら、おそらく答えられないだろう。

ただ、こうした光景に寂しさを感じつつも各地を訪れていて、面白いことにも気付いた。それは多くの地方にはまだ「江戸時代」が息づいているという事実。都会に長く住んでいる人にはピンと来ないかもしれないが、これは実体験に基づく「実感」だ。たとえ短時間でも、あちこちに足を踏み入れていて、それを感じることは少なくない。多くの地方には、その地方独特の空気感というか、「匂い」のようなものがある。もちろん、まだ失われていない風景や、その土地の方言などによるところもあるだろうが、それ以上に感じるのは「同じ県内でも、ある地域と別の地域では『何か』が違う」という思いだ。

「なぜだろうか」と考えていくうちにハタと気付いた。「江戸時代」の名残である。徳川300年（正確には260年）の時代、日本は幕藩体制のもと「三百諸侯」と称されたように数多くの諸藩に分かれ、諸大名たちが長く各地を治めていた。それぞれの地域では産業や、交易、教育制度、加えて言えば方言に象徴される独自の文化や生活習慣が発展し、ある意味で極めて多彩な地域活動が繰り広げられていたと言える。その江戸時代が幕を閉じたのが1868年、それからすでに150年以上も経っているが、実は全国あちらこちらの地方には、未だに「江戸時代」がひっそりと、しかし確実に息づいている。

「ここは昔、天領（幕府の直轄地）だったから、あんまり商売っ気がないんだ。あっちは○○藩だったんで、計算高いっていうかね。あっちの連中が歩いたあとにはペンペン草も生えないなんて言われているよ」

「ここは□□藩、××から向こうは△△藩。言葉も違うし、肌も合わないみたいだね」

そんな話をいろいろな地域で聞いたことがある。典型的なのは青森県だろう。かつての南部藩（今の青森県西部）地域と津軽藩（同青森県南東部）地域は今も犬猿の仲（？）で、お互いにきつい方言もあって、「話が通じない」なんてことまで言われている。両者の軋轢（あつれき）ははるか昔からのものだが、決定的だったのが幕末の戊辰（ぼしん）戦争。南部も津軽も当初は徳川幕府側に付き、奥羽越列藩同盟に加盟していたが、津軽は早い段階で離脱して新政府軍に従った。そのため、南部の人たちは今でも津軽を「裏切者」と言い、津軽の人は「自分たちには先見性があったのだ」と反論する。そんなことが今も残っているらしい。

似たような話は全国にある。これを単純に「陋習（ろうしゅう）」に囚われている、あるいは未だに過去を引きずっていると片付けてしまえば簡単だが、それはちょっと違うのではないだろうか。こうした地域に住む人たちは、はるか昔からというか、長く続いた江戸時代の中で築いてきた文化や風習、人柄や生活習慣、地場に息づいた産業などという自分たちが積み上げてきたものを、意識的に行っているか無意識に動いているかは別として、今も守り続けているのではないか。そこには歴史の重みと、自分たちの住む地域に対する誇りと愛着といったようなものを感じ取れるような気がする。

そうした地域の独自性があるからこそ、今もそこに住む人たちは人口流失による過疎の荒波の中で、中途半端な都会文化の流入などに翻弄されながらも、まだ生まれ育った街で頑張ろうとしているのではないだろうか。地域の活性化という観点から言えば、そうした歴史や文化、それぞれの地域の持つ特性などをうまく生かし、そこに住む人たちの「誇り」に焦点を当てたきめ細かい対応策を講じることで、かすかではあっても「光」が見えてくるような気がする。言い方を変えれば「江戸時代」を生かすことこそが、地方の衰退を食い止める〝秘策〟の一つなのかもしれない。

そういえば、かなり以前、「壊し屋」の異名を持つ異能の政治家・小沢一郎氏が、「都道府県をなくし、全国を３００の自治体にまとめて、その自治体と国とが直結する仕組み」を提唱していたことがあった。もっとも、もう本人すら忘れてしまっているかもしれないが。僕はその当時、「300と言えば、江戸時代の三百諸侯を想起させるな」と思ったことを覚えている。

ただ、可能性はゼロに近いが、もしも国政レベルでそうした発想での取り組みを始めようという動きがあったとしても、もう時間はほとんど残っていない。それどころか、事態は全く逆方向に加速度を付けて突き進み始めている。「秘策」などと言ってはみたものの、はっきり言って現実的にはもう難しいだろう。

そうだとしても、これだけは間違いない。言うまでもなく、「地方」にはまず都道府県があり、その下に市町村がある。逆に言えば、市町村こそが地方の「土台」だ。それぞれの市町村が、それぞれに持つ特性を生かすことや工夫を凝らすことで、初めて地域全体の活力を取り戻すことができるのではないか。

人口わずか500人の元気な村がある

これは特異な例かもしれないが、地域特性と言えば、僕が思い出すのは、和歌山県東牟婁郡北山村（ひがしむろぐんきたやまむら）のこと。以前、この村を講演で訪れたことがある。北山村は日本で唯一の「飛び地の村」で、和歌山県に属していながら周りを奈良県と三重県に囲まれ、同じ和歌山県のほかの自治体に行くためには、このどちらかの県を通過しないとたどり着けないという面白いところで、人口はわずか500人ほどの秘境と言ってもいい村だ。偉そうに言うのではなく、そんな村がなぜ、ほぼ国政絡みの話しかしない僕をわざわざ東京から呼ぶのかと、少し疑問に思いながら長い時間をかけてやっとたどり着いた。

さぞかし寂れているだろうなんて、失礼なことを考えながら村に入ると、勝手な予想は一挙にひっくり返された。確かに山林に囲まれ、きれいな川が流れる秘境感満載の村だったが、とにかく村じゅうが元気と明るさに満ちていた。迎えにきてくれた村の若い職員が乗っていたのは、そこそこ値段が張りそうなドイツ製の車。村の中にはそれ以外にも外車や国産の高級車があちこちで見られた。最初に案内されたのは、村が造った観光施設で温泉やレストラン、宿泊施設も備えた、豪華な建物だった。

ご多分に漏れず高齢化は進んでいるようだったが、若い人たちも目に付く。「Uターン組や、移住組も増えているんですよ」（村の職員）と。なぜ、こんな秘境で、しかも小さな村が、これほど元気なのか。カギは「じゃばら」が握っていた。以前は良質な杉の産地として栄えた北山村だが、木材需要の低下で一時は寂れかけたという。それを救ったのが、この村にしか自生していないという柑橘類の「じゃばら」だった。

このじゃばら、はっきり言って酸味が強く、そのまま食べてもそれほどおいしいとは思えない。だが、実はじゃばらには「隠れた才能」があったのだ。しばらく前のこと、村に一本だけ自生していたじゃばらの原木の持ち主が、なんとか普及できないかと奔走し、専門家や研究所に成分などの分析を依頼する中で、なんと花粉症に効くことがわかった。それが新聞やテレビなどでもたびたび報道されたことで、一挙に知名度が上がり、大人気商品となったという。今ではじゃばら農園は9ヘクタールに拡大し、じゃばらをジュースに加工するなど一大産業に発展した。もちろん村の財政は豊かになり、高級車が走り回る元気な村に。ちなみに、総務省が2021年に発表した2020年度の住民統計データをもとに計算すると、北山村の平均年収は約307万円。これは1741市区町村の中で、555位だ。たった人口500人ほどの秘境の村にしてはかなりのものでは？

余談になるが、「じゃばらは本当に花粉症に効くんですか」と不躾に聞くと、村の幹部がひと言、「効く人には効きます」。

北山村にはたまたま、じゃばらがあった。そんな奇跡のような地域は全国にそれほどあるわけではない。でも、地域の特性を見出す努力を重ねることによって、まだまだ多くの地方で「何か」が見つかるかもしれない。もちろん、「隠れた才能」の発掘には、それなりの努力と熱意が必要だが。

ところが、国がこれまで進めてきたことは、その真逆というか、そうした地域特性など完全無視の路線だった。そう、その象徴が市町村合併だ。国はこれまで「昭和の大合併」と「平成の大合併」によって、市町村、特に町村を大幅に減らしてきた。理由は、ひと言で言えば行政の効率化である。合併によって疲弊した地域を、まだ多少は余裕のある自治体に吸収させる。それぞれの町村が抱えていた行政機関を統合することで、「無駄」を削減する。議員数も削減できるから、それに携わる職員の配置も転換できる。確かに一つの解決策かもしれないが、ではそれで地方が活性化したかと言えば、答えは「ノー」だ。

以前、北陸地方のある過疎地に住む人から、こんな興味深い話を聞いたことがある。

「平成の大合併で、町も村も消えていきました。それに伴って、江戸時代から続いてきた町や村、地域の名前も消えていった。すると何が起きたか。人がどんどん出ていっちゃうんですよ。なぜなのか。私はこう思っています。長い歴史の中で馴染んできた、もしかしたらそこに住んでいることに誇りや愛着、先祖代々との絆を感じていた人たちが、住んでいる町や村、地域の名前が消えたことで、そうしたものを失い、『身軽』になって、飛び出していってしまうのではないかと」

というわけで、地方の衰退を食い止める方策はなかなか見出せないというのが現実だろう。そんな中、もしかしたら一つの、というか最後に残された可能性かもしれないと思うことがある。それは地方政治であり地方議会の活性化だ。前にも書いたように、国に頼っていても結局、地方の衰退は食い止められないどころか、進む一方だ。ならば、今度は地方自身が頑張ることしかないのではないか。もちろん、市町村長の役割も重要だ。だが、それと同時に地方の政治の中核であるはずの地方議会、その議員こそが、ここで踏ん張らなければいけないのでは?

となればもう、漫然と従来型の地方政治を踏襲しているだけでは立ち行かないことは明らかだろう。だとすれば、行政はもちろんだが、まずは、その行政とともに地域の命運や、将来を担っている地方議員自身が、国に頼っていればなんとかなるという幻想を捨て、どこに問題があるのか、どうすれば活路が開けるのか、自分たちは何ができるのかを考えるところが出発点ではないのか。地方議員の役割が、今ほど重要になっているときはないはずだ。言い方を変えれば、地方議員にとって、今ほどやりがいのある立場にいるときはないとも言えるだろう。

その意味で、地方議会とその議員は大きく変わらなければならない。ただ、これまで長年にわたって地方議員を務めてきた人たちに、「明日から変われ」「自分たちで工夫しろ」と言っても無理な相談。人間、そう簡単に発想の転換ができるわけがない。となれば、一つの方策として浮かび上がってくるのが、新たな人材の投入ということになるのでは？

そこで、いろいろ考えているうちに「そうだ」とひらめいた。この日本には、そのための人材が実は数えきれないほどいるのではないかと。まだまだ元気で頭の回転も衰えていなくて、さまざまな経験とスキルを持ちながら、それらを眠らせている（眠らせようとしている）人たちが。そう、すでに定年を迎えた人、あるいはもうそこまで定年退職の時期が来ているが定年後の人生設計がまだ見えていない人、今後の生活にはある程度余裕があるので、どうしても仕事を続けなければならないわけではない。けれど、退職したあともこれまでのサラリーマン人生で経験したことや、身に付けたスキルを、なんらかの形で生かしてみたい、社会に還元したい、あるいは定年後も社会とつながっていたい、充実した日々を送りたいと思っている人が。

とは言っても、これまでの人生はサラリーマンひと筋、政治などとは無縁で、まして政治家になろうなんて一度たりとも思ったことがない人が大多数、というかほぼ全員だろう。そんなあなたが「突然、そんなこと言われても」と思うのは当然だ。でも、ちょっとでも「うん？　何それ？」と思われた人は、ほんの暇つぶしのつもりでもいいから、このあともお付き合いいただきたい。もしかしたら、思いもかけなかった「別世界」が視界の中に入ってくるかもしれませんぞ。

そもそも地方議会ってどんなところ？

「そんなことは知ってるよ」と言われるのを覚悟で、まずは地方議会とはどんなところで、何をするところかという話から始めてみよう。日本には大きく分けると2つの議会がある。一つは言うまでもなく国会で、もう一つが地方の議会だ。国会議員も地方議員も選挙で選ばれた者で構成されるし、その役割は国民、市町村民（住民と言ってもいいかも）の意思を反映するための代表者であることも、同じだ。ただ、いくつか違う点がある。まず国会は議院内閣制で、地方は「二元代表制」だということ。議院内閣制というのは、議会（国会議員）で選ばれた内閣総理大臣によって内閣が構成される仕組み。内閣は国会から信任を受けて成立するわけだから、信任されない（内閣不信任）となれば、総辞職か衆議院の解散かを選ぶことになる。

ついでに、もう少し詳しく説明すると、議会が総理大臣を選ぶわけだから、議会の多数派が支持した国会議員が総理に就任することになる。国会には参議院と衆議院があるが、衆議院と参議院で違う人物が指名された場合、衆議院の議決が優先されるから、衆議院で多数を占めた議員集団（今なら自民党と公明党）が支持した国会議員が総理になる。当然、総理を支持した政党（国会内では会派という）が与党になり、それ以外は野党になるわけだ。もっとも最近の政党の中には、自称「野党」でありながら予算案に賛成したり、内閣不信任案に反対票を投じたりする「ゆ党」（50音では「や」と

「よ」の間だから）もいるが。

一方、地方議会は二元代表制を取る。簡単にいえば知事や市町村長などの首長と議員がそれぞれ別の選挙で選ばれる制度である。まあ、アメリカの大統領制と似ていると思えば、わかりやすいだろう。だから、地方の場合、首長と議員は対等の、それぞれが独立した立場にあると言ってもいい。その意味で、改めて考えてみると、本来、地方議会に与党と野党が存在すること自体、実は奇妙な状況と言える。だって、別々に選ばれているわけだし、地方の議会が首長を選んだわけでもないから、例えば首長と議員が同じ政党に属しているからといって、何でもかんでも首長のやることを支持しなくてはいけないわけではないだろう。だが、現実は違う。まあ、それについては追い追い説明しよう。

もう一点違いがあるとすれば、国会は「唯一の立法機関」だから、法律を作ることができる（もっとも現実は大半が政府提出法案だから、政府＝実質的には行政というか役所が立法府＝国会の代役となっているけれどね）が、地方にはそれがない。とはいえ地方議会も、法律の範囲内ではあるものの、というか法律に反しない限り、ある種の「法」である「条例」を作ることはできる。

さて、地方議会だが、これもさらに2つに分けることができる。一つは都道府県議会で、もう一つが市町村議会だ（区議会を入れると複雑になるので、ここでは省く）。実は細かく言うと、市町村議会も、政令指定都市とそれ以外に分かれるのだが。まず、大ざっぱに都道府県と市町村の役割や所管を見てみよう。都道府県は河川や道路などのインフラの整備、高校の設置と管理、小中を含む公立学校の教職員の任免や給与負担、警察、広域的な都市計画、児童相談所や保健所の設置などを所管する。

一方、市町村は生活保護や、国民健康保険、都市計画、上下水道、小中学校の設置と管理、廃棄物収集、消防、住民票の発行などがその役割だ。なお、政令指定都市は一般の市町村に比べて、都道府県が持つ権限の多くを移譲されている。わかりやすく言えば、都道府県と市町村の「中間的存在」だ。

ちなみに、政令指定都市になるには人口50万人以上が条件。現在は全国に20の政令指定都市があり、その人口は合計で約2800万人、日本の全人口の2割以上が政令指定都市に住んでいることになる。中でも神奈川県は横浜、川崎、相模原という3つの政令指定都市を抱えている。神奈川県の人口は約913万人で、このうち横浜市が約372万人、川崎市は約148万人、相模原市は約72万人だから、合わせると約592万人で、県全体の約65%を占めている。言い方を変えれば、県知事の権限が及ぶのは、県全体の35%でしかないとも言える。

さて、話は戻って、地方議会を構成する議員の任期は4年で、基本的には4年ごとに行われる統一地方選挙によって顔ぶれが決まる。この制度が導入されたのは昭和22（1947）年。当然だが、このときの統一率は100%だったが、その後、議会の解散や市町村合併などによって、任期にズレが生じた結果、統一率は毎回下がり続け、前回（2019年）は27・27%（首長選が12・92%、議員選が41・61%）まで低下している。これで「統一」と名乗れるのかどうか、大いに疑問だ。ただ、これを手直しする妙案は今のところ見当たらないという。なお、統一地方選挙は前半戦と後半戦に分かれるが、都道府県と政令指定都市は前半で、その他は後半で行われることは知っておきたい。統一地方選挙は4月に行われることになっている。

実は重要性を増している地方議会

はっきり言って一般の人の、地方議会に対する関心は決して高くない。国会や国会議員の動きは、テレビの国会中継や各政党や政治家の動向などを報じるテレビや新聞、週刊誌などによって報道されることから、それなりに関心を集めたり、注目されたりすることはある。では、地方議会はどうか。おそらく多くの住民は、その役割や活動に関して、ほとんど関心も知識もないのではないか。いつ議会が開かれ、そこで何が議論され、個々の議員がどんな活動をしているのか、どれくらいの報酬を得ているのかといったことを知る人は、それほど多くないはずだ。市町村から配布される資料や、たまに配られてくる議員の活動報告などを熱心に読み込んでいる人が、いったいどれくらいいるのだろう。

だが、実は地方議会の役割は以前に比べると、ずいぶん大きくなっている。まず制度的な面で言えば、2000年に施行された「地方分権一括法」によって、国と地方は対等の存在であることが再確認された。もっとも、それだけではこれまでと何も変わらない。だが、この法律によって、それまで国が「俺（国）のほうが偉いんだぞ。だから権限は渡さないけれど、俺の仕事を任せてやるから代わりに地方がやれ」という意味ではないかと思われていた（?）「機関委任事務制度」（首長が法令に基づいて国から委任され『国の機関』として処理する事務）が全廃され、地方（主に都道府県）が自身で決定する領域が飛躍的に拡大した。具体的にはパスポートの発行や飲食店の営業許可などがそれ。

まあ、もともと国がなんでそんなところまで権限を抱え込んでいたのかという疑問は、当然湧いてくるけれど。

ただ、地方自身の決定権が拡大されたということは、それだけ責任も増えることになる。地方の議員が、自分たちの自治体の予算の使い道について考える部分が増えるし、同時に地域の実情に即した行政の在り方について知恵を出さなければならない部分も拡大することを意味する。従来型の「国にお任せ」「国の言うとおりに」や、行政＝首長側の方針、提案を追認するだけの議会では、責任も役割も果たすことにならないし、そんなことが続いていると、議会そのものの存在意義を問われることになる。というか、もうすでに問われているけれどね。

確かに、ひと昔前までは国や中央官庁の言うとおりにしていれば、まあなんとかなった。国から流れてくるおカネも、それなりに潤沢だった。でも、今や国は借金まみれで、財政難にあえいでいる。各地域が抱える課題や問題は以前より格段に増えているのに、それらを解決する施策と予算が国から十分に供給される時代ではなくなった。となれば、地方の課題はその地方ができる限り自力で、さまざまな知恵を絞り出してでも解決していかなければならない。

そうした流れを受け、全国の自治体の中には、思い切った「自己改革」に取り組むところも出始めている。例えば、北海道のニセコ町は、２０００年に全国で第1号となる「自治基本条例」（ニセコ町づくり基本条例）を制定している。この条例は、住民、議会、執行機関（首長以下の行政機関）それぞれの権利や権限、責務、情報公開の在り方など、自治体の運営や組織に関する基本方針を、明記したもの。その後、各地の自治体でも、こうした条令を制定する動きが続いている。さらに言えば、北海道の栗山町は2006年に地方議員が果たす役割や議会に組織と運営の基本的な方針を定めた「議会基本条例」を制定している。

まあ、地方議員の果たすべき役割や、住民、議会、執行機関の権利や権限、責務などを改めて条例で定めなければならないほど、曖昧な状態が長く続いてきたこと自体が驚きではあるが、こうした動きは少しずつ広がっている。「地方自治研究機構」（一般財団法人）によると、2022年4月現在、全国1718自治体のうち、402の自治体が自治基本条例を制定しているという。

基本条例の制定自体は、それなりに「一歩前進」だが、では、それで制定した議会が大きく変わったかといえば、残念ながら、そんな話はほとんど聞こえてこない。どうも、多くの自治体は条例を制定したこと自体が「改革」だと思い込んでいるようだ。問題はその中身の実行なのにね。

また、2004年の地方自治法改正によって、議会の定例回数が従来は「年4回以内で定める」となっていたのを自治体で自由に回数を決められるようになった。もっとも、市区議会は95％以上が、町村議会も約94％が従来どおり年4回の定例会としているが。さらに、2011年の同法改正では議員定数の決定を自治体に任せることが、2012年の改正では通年議会開催も可能とするなど、制度上は議会の権限がどんどん拡大されてきている。

地方議会は「儀式の場」に過ぎない？

このように、制度上は議会の権限が拡大し続けている一方、現実の地方議会の中身はと言うと、残念ながら「相変わらず」という言葉が当てはまるというほかない。はっきり言って、自分たちが置かれている現状に対する危機感の欠如というか、国との関係の変化や、制度の変化に当の地方議会が付いていけていないのではないかとさえ思わざるをえない。

それを示す象徴例がある。全国市議会議長会によれば、2017年に市区長が議会に提出した条令や、予算、決算、その他すべての議案9万649件のうち、市区議会が否決、不認定、不同意、不承認としたのは、わずかに204件で、全体の0・4％に過ぎない。また、全国町村議会議長会によれば、町村議会でも付議案件（行政から議会に提出された条例など）8万1297件のうち、否決、不承認、不同意とされたものは392件（0・5％）だった。

ついでに言うと、地方には法律の範囲内で〝準法律〟とも言える条例を定める権限があるが、実態を見ると、その大半は行政側が提案したもの。例えば、市区では2017年中に議会へ提出された条例案のうち、市区長が提出したものが2万4650件に対し、議員側が提出した条例案はわずか687件で、議会内の委員会が提出したものは292件しかない。町村議会でもこの状況は同じで、町村長提出が約1万7000件に対して、議長や議員の提出は330件、委員会提出分を合わせても50

0件未満にとどまっている。

まあ、国会を見ても「立法府」である以上、本来は国会議員側が法案や改正案提出の主役のはずなのに、大半は政府提出で、議員立法はごく少数だから、どっちもどっちかもしれないが、ちょっと待てである。なぜなら前述したように、国会は議院内閣制だから、ある意味、政府と与党は一体。事前に政府側と与党側が調整したうえで、政府から法案や改正案を提出するのも、与党が賛成するのも、それなりにうなずける。でも、地方は「二元代表制」で、行政と議会はそれぞれが独立した存在。国会以上に議会側からの条例案提出があってもおかしくないはずだ。

何も「議会は首長とけんかしろ」とか「首長のやることにケチをつけろ」と言っているわけではない。でも、地方議会は本来、行政（首長）をチェックしたり注文をつけたり、時に行政の暴走にブレーキをかけたりするのが最も大切な仕事のはず。行政側が「完璧」な予算案や決算、条例案を、地域の要望やニーズ、抱えている課題などに対し、しっかりと応えて出しているなら、何もあえて議会が反対や修正を行う必要はない。でも、そんなことはないよね。だって、完璧なんてありえないし、そうであれば地方の活性化や再生はもっと進んでいるはずだもの。

こうした数字から見る限り、各地方議会が本来持っているはずの、機能やチェック機関としての役割を十分に果たしているとは思えない。昔から「地方議会は行政の追認機関に過ぎない」とたびたび指摘されていたが、どうやらそれに近い状態が今も続いているようだ。今の地方議会が「議論の場」ではなく、「儀式の場」になっているとしたら、これほど無駄な、もったいないことはない。まして、地方の置かれた環境が日々悪化している中で、従来型の議会運営が続いているとしたら、いずれは地方議会の存在意義自体が問われることになるのでは？

なぜ地方議員は減り続けるのか

議員数は減っている。

選挙を前にすると、各政党は必ずと言っていいほど「身を切る覚悟」などといって国会議員の定数削減を言い募る。例えば２０１４年には、当時の民主党が「定数を削減します」と言えば、自民党は「比例定数30削減」を選挙公約に掲げた。有権者の「受け狙い」で削減を掲げる。あっちが「○○円」と言えば、こっちは「××円」と言う、まるでバナナのたたき売りだ。でも、実現することはほとんどない。昭和21（１９４６）年に戦後初の総選挙が行われたが、このときの衆議院の定数は４６８。その後は徐々に増えていき、ピークだった昭和61（１９８６）年には５１２まで膨らんだ。平成12（２０００）年に、自民党と連立を組んだ自由党の小沢一郎が、連立入りの条件として定数削減を求めたことで４８０まで減ったが、当初に比べれば定数は増えている。

僕は定数削減論者ではない。だって、数を減らせば政治が良くなるのかね、と思うからだ。例えば、海外諸国と比較しても、人口が日本の約半分のイギリスの下院（衆議院）の定数は６４６、フランスも人口はほぼ日本の半分だが、下院の定数は５７７だ。人口比で日本より議員の数が少ないのは主要国ではアメリカくらいだろう。国会議員を一人減らしても、年間で1億円程度しか節約にならない。「1億って大金だろ」って言われるかもしれないけど、100兆円を超える国家予算から見たら、微々たるもの。問題は数より質ではないか。「まともな」国会議員が「まとも」に仕事をしてくれれば、数が多かろうが少なかろうが、そんなことは問題ではない。逆に数を減らした結果、まともではない連中が多数を占めれば、ますます政治がだめになる。ろくでもない政治家ほど、有権者をだますのがうまいしね。というのはさておき、一方で地方の議員は減り続けている。まあ、自治体の数そのものが減ることで議員の数も減っているわけだから、国会議員と同列に論じることはできないが…。

地方の自治体は、昭和と平成の大合併によって大幅に減少した。特に平成の大合併では「合併すれば合併特例債の発行を認めてやるけど、合併しなければ地方交付税を減らすぞ」という国の脅しであるアメとムチ作戦が効果を上げて、一挙に合併が進んだ。まず以前の昭和の大合併（1956（昭和31）年～1961（昭和36）年）では、市町村の数が9868だったものが3472にまで減り、さらに平成の大合併（1999（平成11）年～2006（平成18）年）では、582件の合併が行われ、3232が1821にまで減少している。この中で最も減少したのは村だ。平成の大合併前には全国に568あった村が198にまで減っている。おそらくは長い歴史を歩んできた370の村が日本地図から消えたことになる。その後も合併などによって村の数は減り続けている。政府統計によれば、2022年3月現在の村の数は183。おそらく、村は将来にわたって単独で生き残るのは難しいだろう。そう遠くない時期に、日本から「村」という字が消えてしまうかもしれない。

合併すれば当然、2年間の特例期間を過ぎると地方議員の数も減っていった。平成の大合併前の1998年時点での全国の地方議員の数は6万3140人。特例期間中の2004年の5万6934人をピークに、その後は急激に減少していく。2007年は3万8787人となり、その後も減り続けて2013年が3万3898人、2018年は3万2448人にまで減った。

合併によって減ったのは、言うまでもなく市町村議員だ。まず、市議会議員だが、実は市議はそれほど減っていない。その理由は多くの合併が周辺町村を吸収する形で進んだからだ。1998（平成10）年に1万9744人だったのが、2005（平成17）年には町村との合併に伴う特例措置によって2万4486人に急増するが、以後は減少が続き、2007（平成19）年は2万2165人に、2018年には1万8930人に。数のうえでは微減といったところか。

一方、激減したのが町村議員。1998（平成10）年には4万5559人だった町村議員は2003（平成15）年には3万7326人に。以後急減して2007（平成18）年は1万5991人に、2018（平成30）年には1万9099人にまで減っている。町や村が消えていくわけだから、これは当然か。

議員定数にも触れておこう。前にも述べたが、2011年の地方自治法改正で、議員定数は自治体に任せられることになった。全体の流れは定数削減の方向に動いているようだが、現状はどうか。全国市町村議会議長会によると、まず市区議では人口5万人以下だと平均で17・1人、同5万～10万人で20・8人、20万～30万人で30・8人、40万～50万人で39・0人、50万人以上で44・7人、指定都市では58・7人となっている。

一方、町村議は全国町村議会議長会によれば、0～5000人が9・0人、5000～1万人で11・4人、1万5000～2万人で14・1人、2万～2万5000人で14・9人、2万5000～3万人で15・0人、3万～4万人で15・4人、4万人以上では16・6人だ。

60歳はまだ若僧

ちょっと面倒くさいが、さらに、いくつかの数字を挙げてみたい。まず、平均年齢だが、総務省によれば、全地方議員の平均年齢は60・16歳（2016年現在）。細かく見ていくと、全国市議会議長会によれば、市議会議員の場合は平均年齢が59・6歳で、60～70歳が全体の40・3％を占める（2018年現在）。一方、町村議会議員を見ると、2005年は60・9歳だったが、2016年には63・1歳と「高齢化」が進んでいる。町村議の場合、60歳以上の割合は57・1％から73・85％に跳ね上がったことになる。これは町村議のなり手不足によって、一度議員になるとなかなか辞められず、当選を重ねる中で全体の高齢化が進むという現象を表しているのだろう。言い方を変えれば、特に町村議会では、「新規参入」が起きていないと見ることができる。年齢から言うと、若手の参入が望ましいことは間違いないが、一方で、例えば60歳前後で地方議員になったとしても、決して「年寄り扱い」されることはないとも言える。ついでに言うと、現在、この国の地方議員の最高齢は92歳だ。

ちなみに国会議員の平均年齢は2021年の総選挙後で見ると55・5歳で、その内訳は自民党56・9歳、公明党56・4歳、立憲民主党54・7歳、日本維新の会49・4歳、共産党62・3歳、国民民主党49・2歳などとなっている。

さて、地方議員の職業だが、国会議員と違って兼業が可能だ。総務省のまとめによると、まず都道府県議会議員では半数以上（53・3％）が議員専業だ。議員報酬も関係するだろうが、都道府県議会議員レベルになると「政治家」の要素が高まるし、次の選挙での当選を目指すには議員としての日常活動が必須となるから、ほかの仕事に時間を割くのは難しいのでは？　もっとも、それでも半数弱はほかに仕事を持っているということになるが。これが市議会議員になると議員専業は46・4％に、さらに町村会議員では専業率が22・8％にまで下がる。

さらに職業別で見ると、市議会議員の場合、専業の次に多いのが農林漁業で11・2％、次いで分類不能の職業（？）が9・6％、卸売り・小売業が5・7％と続く。また、町村会議員では農林漁業が30％と断然トップに。次が専業で、分類不能が13・4％となる。ただし、総務省が設置した「今後の町村議会の在り方と自治制度に関する研究会」によれば、町村議会議員のうちの前述の専業とされている人の職業は「無職」となっている。ということは、見方にもよるが、町村議会議員の場合、本来の意味での専業というよりは、「仕事を引退、もしくは仕事をしなくてもいい人」が「名誉職」的に議員を務めているケースが少なくないということなのかもしれない。

年齢や職業といった側面からだけで判断するのは早計かもしれないが、市議会は脇に置くとして、町村議会に関しては高齢化や、新規参入の不足（なり手不足）、農林漁業中心（幅広い人材の枯渇）などといった要素を考えると、かなり危機的状況に近付きつつあるのではないか。そんな思いを抱いても、不思議ではないだろう。議会が機能しなくなれば、そこに住む住民にさまざまな影響が及ぶ。極端なことを言えば、「ダメ議会・無能議員」だと、たとえ行政が住民無視の運営をしようが、とんでもない首長（たまにいるよね。パワハラ市長や市長室にシャワールームをつけちゃった市長、業者からわいろをもらったことがバレた町長など）が好き勝手をやっても、止めることもできない。結果的に被害を受けるのは住民ということになるんじゃない？

もっとも、総務省も町村議会の〝危機〟には気が付いているらしい。２０１７年に立ち上げた「町村議会の在り方に関する研究会」は、持続可能な議会モデルを２つ挙げている。一つは「集中専門型」で、生活給を保証する少数の専業的議員で議会を構成するというもの。もう一つは「多数参画型」で、こちらはすべての議員を非専業とし、夜間・休日に議会を開催するというもので、議員は他の自治体職員との兼業（後述）を認め、請負禁止規定を緩和するというものだ。もっとも、この両案に対しては町村議会議長会が強く反発し、マスコミからも議会の行政に対する監視機能を弱めるという視点から批判が出たため、その後は検討が進むことはなかったらしい。ついでに言うと、地方自治を研究している専門家の中には、「議会を廃止し、選挙権のある全住民が参加して、予算や政策を直接議決する町村総会を検討すべきだ」といった意見を持つ者もいるという。

まあ、はっきり言って総務省の研究会が提言した２つの案も、町村総会案も、現実的な解決策となるかどうかは疑わしい。だって、少数の専業型議員というが、そもそもそんな人がいれば苦労しないし、非専業だけで議会を構成できるような人材が過疎や人口流失に悩む自治体で確保できるかどうか。全住民参加となると、これはまさに「直接民主主義」だ。個々の住民が「自分の家の前にバス停を設置しろ」だの「害獣の被害を行政が保証しろ」だとか言い出しかねない。それぞれが自分の利害に基づいて要求や判断をするとなると、大混乱が必至だろう。しいて言えば兼業規制の緩和は考慮に値するかもしれないが。

第3章

地方の選挙制度はどうなっているのか

国政選挙とはまるで違う

地方の選挙制度は、都道府県議選と市区町村議選に分けられる。まず、都道府県議選は、2013年の公職選挙法改正で、すべての選挙区を条例で定める、つまり都道府県が独自に決めていいことになった。ただし、勝手に都合のいい線引きができるわけではない。選挙区を設定する場合は①一つの市の区域、②一つの市の区域と隣接する町村の区域を合わせた区域、③隣接する町村の区域を合わせた区域の、いずれかを基本とすることが条件だ。2015年の統一地方選挙で見ると、選挙区の最も少ない県は鳥取県で9区、最も多いのが愛知県の55区で、平均すると23・6区になる。定数は各都道府県でバラバラ。2019年の統一地方選で見ると、全国945選挙区のうち1人区が約40％の372、次いで2人区は300、3人区は126、4人区は62、5人以上の区は85となっている。

一方、市町村議選は、自治体全域を1選挙区とする大選挙区制だからわかりやすいし、最も身近で、文字どおり「地元」の選挙ということになるわけだが、その割に関心は低いのが気になる。ちなみに統一地方選での市町村議選の投票率を見ると、1975（昭和50）年の市議選は男性が75・5％、女性が79・45％だったが、回を追うごとに低下し、2019（平成31）年には男性が44・84％、女性が46・26％にまで落ちている。町村議選も同様で、1975年はなんと男性は91・56％、女性は93・68％だったものが、2019年はそれぞれ58・65％と60・69％に低下している。はたして、ここまで投票率が下がった背景にはいったい何があるのか。

さて、またまた脱線するが、地方議員の選挙制度に比べて、国会議員の選挙制度（特に衆議院選挙）はなんであんなに複雑なのか。さらに言えば、なんであんなに問題点が多いのか、疑問に思う向きは少なくないだろう。

現在、衆議院の選挙制度は「小選挙区比例代表並立制」というもの。この制度に変わったのは1996年（導入が決まったのは1994年）で、それ以前は一つの選挙区から複数が選ばれる「中選挙区制」だった。こちらのほうは3人区なら3番目、5人区なら5番目以内に入れば当選だからわかりやすい。ところが今はどうか。僕は自民党本部のスタッフ時代に、「政治改革」の名のもと選挙制度改革（？）に関わったが、実はそのスタートの段階から間違っていたと今では思っている。そもそも選挙制度の大改革は「リクルート事件」という、主に自民党政治家絡みの大スキャンダルが発覚し、尻に火が付いた自民党が、なんとか国民の批判を緩和させようとして、というか批判から目をそらそうとして始めたこと。当初から「政治家が金銭スキャンダルを起こすのは、選挙制度のせいだ」「だから選挙制度を変えよう」で始まった。

では、どんな制度がいいかとなったとき、みんなが「お手本」だと考えたのが、議会政治の元祖であるイギリスの選挙制度だった。ご承知のとおり、イギリス（下院）は単純小選挙区制。すべての選挙区は定数1だから、これはこれでわかりやすい。もっとも、当初、われわれが「世界標準」だと思っていた単純小選挙区制による2大政党の競い合いというシステムが、実はイギリスを中心とする旧英連邦諸国だけのもので、ヨーロッパ諸国は大半が比例中心の制度だったことが、あとからわかったが。それはともかく、当初は単純小選挙区制によって2大政党が政権交代を繰り返す政治を目指したのに、議論を始めると自民党内からも、野党からも「反対」の大合唱。で、それからは妥協に次ぐ妥協。結果、小政党も議席を得やすい比例を加味しようということになり、落ち着いたのが小選挙区比例代表並立制という、複雑で中途半端な制度だったわけ。

おまけに本来なら「並立」とは、「並び立つ」ということだから小選挙区と比例区はそれぞれが独立というか、別建てのはず。にもかかわらず、これまた妥協の産物で小選挙区と比例区の間に「橋」をかけちゃった。いわゆる「重複立候補」というのがそれで、結果、小選挙区に立候補し、有権者から「おまえは国会議員にふさわしくない」とダメを出されて落選したにもかかわらず、比例区で復活するやつ（この連中はゾンビと呼ばれている）が大量に生まれることになった。中には一つの小選挙区に、当選した議員のほかに2人も復活当選した「ゾンビ議員」が生まれるといった奇妙な事態まで起きている。ついでに言えば、参議院も選挙区と比例区に分かれているが、こちらはそれぞれが別建てだから、まだわかりやすいか。

それはともかく、都道府県議会議員選挙と市町村会議員選挙の選挙制度の違いは覚えておいたほうがいい。仮に、「よし、選挙に出て、地方議員になってみよう」と思う人がいたとしたら、選挙のやり方、候補者の要件などにいろいろと影響してくることなので、この点は十分に考えたうえで決断したほうがいいかもしれない。

劣化している地方の議会と議員

ここでは主に市町村議会とその議員について考えてみる。前にも触れたように、地方の疲弊が進む中、国からの支援に対して口を開けていればなんとかなる時代は終わった。また、これも前にも触れたが、地方自治法改正などによって地方議会の守備範囲や裁量権限が大幅に増大している。にもかかわらず、少なくとも数字から見れば地方議会は未だに、行政を追認するだけの「儀式の場」になっているように見える。ということは、地方議会という組織の問題であると同時に、その議会を構成する地方議員の問題でもあるということになる。もちろん、都市部への人口集中や国の財政逼迫による地方への支援の減少や、少子高齢化など、個々の自治体ではどうしようもない問題も少なくない。でも、当事者である多くの自治体が危機的状況に陥り、それが日増しに強まっているにもかかわらず、僕の目には多くの地方議員が手をこまねいているというか、現状から思い切って抜け出そうとしていないように見える。もちろん、中にはさまざまな制約のもとで頑張っている議員や、改革に意欲を燃やしている議員もいる。でも、それはまだまだ極めて少数に限られている

市町村議選挙では、選挙のたびに投票率が下がり続けている。地方の疲弊が加速度的に高まる中、本来なら地域に住む人たちにとって最も身近で、関心が高いはずの選挙なのに、なぜ投票所へ足を運ぶ有権者が減り続けているのか。もしかしたら、それは地域に住む人たちが議会や議員への期待感を

失っているからではないだろうか。

で、ここからは地方議会と議員に対する地域住民の関心低下の背景に、彼らの期待やニーズに応えられなくなってしまったことがあるのではないかという点について考えていきたい。

かなり以前から、あるいは多方面から、地方の議会や議員が機能していない、役に立たないといった批判があることは否定できないだろう。だが、その背景には制度的な問題があることも事実だ。地方の政治システムには「二元代表制」のもと、強い権限を持つ首長と権限が限定的でしかない議会という構図がある。例えば、地方では予算案を作成して議会へ提出する権利を持つのは首長であり、議員には提出権がない。衆議院で50人以上、参議院で20人以上の賛成者がいれば、予算を伴う法律を提出できる国会議員と違って、地方議員には提出権がないから、首長や行政側が出してきた予算案を審議し、可否を判断することしかできない。もちろん、首長に対して予算に関する要望を事前に提出することは可能だが、それを案に盛り込むかどうかは首長の判断しだい。どのような内容の予算を組むかは、国、地方を問わず最も重要な課題だから、地方議員のそれへの関与が限定されている以上、たとえやる気のある地方議員がいたとしても、できることには限界があると言える。

とまあ、まずは地方議員の皆さんに対して少しは同情しておいたうえで、でも、「それにしても」という話になる。

そもそも地方議会とその議員にとって、本来は行政に対する監視や政策立案、議案審査などが最重要の仕事だと言ってもいい。だが、実際の市町村会議員の主な役割は、今も昔も地域の世話役や相談役というのが現実ではないか。対する住民側も普段は無関心のくせに、何かあれば自分たちの要望を自治体に伝えてくれたり掛け合ったりしてくれる「便利屋」程度にしか、地方議員を見ていないのでは？　余談になるが、住民の要望を最も小まめに聞いてくれるのは公明党と共産党だ。まあ、それでも地域の住民から頼りにされる存在であるだけましか。なにしろ、それすらされていない「透明人間」のような議員が少なくないようなので。

行政監視の役割はどこへいった

「権力は腐敗する。絶対的権力は絶対的に腐敗する」と言ったのは、19世紀のイギリスの歴史家であるジョン・アクトンという人。「権力」というと、多くの人がすぐに思い浮かべるのは国政レベルでの政権与党だろうが、自治体の首長だって、その地域の中では「権力」そのものだ。放っておけば腐敗する可能性は十分ある。腐敗といっても、別に汚職だけではない。予算の私物化や、無駄遣い、不公平・不公正な行政、職員の士気低下などはみんな、ある意味での腐敗だ。こうした腐敗というか、首長の「やりたい放題」を阻止するには行政を監視し、問題点があればそれをきちんと指摘する組織や機関が存在しなくてはならない。それこそが地方議会と地方議員だろう。その役割が果たせないなら、「無用の長物」、「税金ドロボー」と言われても仕方がないのでは？

都道府県議会とその議員の場合は政党化が進んだ結果、だいたいが知事与党と野党とがはっきりと分かれており、それがいいかどうかは別にして、議会と議員、知事（行政）の間に、それなりの緊張感が生まれている。良く言えば、知事野党は、それなりの監視機能を発揮していると言えるかもしれない。長野県知事だった作家の田中康夫氏や、神奈川県知事だった参議院議員の松沢成文氏が県議会で多数を占める野党（自民党）と、副知事人事や予算を巡って激しく対立したケースなどはその典型例か。

ところが、市町村議会・議員となると、様子が違ってくる。前にも触れたが、市町村議会を見ると、行政側から提出された予算や条例案に対して、議会が否決や不承認としたのは、わずか0・4～0・5％に過ぎない。例えば条例案の提出状況は、データが少し古くはなるが、平成の大合併に伴って行われた調査〔平成18（2006）年〕を総務省がまとめたものを見ると、市区の場合は行政側提出が3万7926件（96・2％）に対し、議員から出されたのは1493件（3・8％）、町村の場合は行政側が2万5423件（93・4％）に対し、議員側は1745件だ。加えて言えば、行政側が提出した議案のうち修正あるいは否決されたのは、市区でそれぞれ0・2％ずつ。町村では修正が0・1％、否決が0・3％である。おそらく今も、ほとんど状況は変わっていないだろう。首長・行政側が常に的確で住民のニーズをきちんと吸い上げた「完璧」な予算や条例案などを出しているならいいが、そんなご立派な自治体が100％近くあるとは思えない。だって、もしもそうなら地方がもっと元気であってもおかしくないよね。何も議会に行政と対立しろと言っているとか、修正や否決を「お勧め」しているというわけではないが、少なくとも数字で見る限り、議会は行政、というか首長を追認するだけの存在になってしまっていると言ってもいいのでは？

ある首長経験者は「匿名で」と断ったうえで、こんなことを言っている。

「多くの自治体では議会が開会する前に、こちら（行政側）が提出する議案について、事前に議会側と話し合いがついているのが現実です。つまり、行政側が提出する議案は無傷で可決されることが事実上決まっているわけです。こちらとしてはやりやすいですね。だから、議員たちは公聴会を開くのを避けたがる。なぜなら議案の審査過程で公聴会を開いて、そこで住民から反対意見や修正を求める意見が出ると面倒くさいことになるから」

こんな現状があるからなのだろう。投票率から見ても、地方議会・議員に対する有権者の関心はどんどん低下している。地元の議員がどんな顔ぶれで、日頃はどんな活動をしているのか、議会ではどんな発言や問題提起をしているのかなどを、おそらくほとんどの有権者は知らないし、興味もない。地元選出の国会議員の名前は知っていても、では「地元の議会の議長は誰？」と聞かれて答えられる有権者は、まずいない。それどころか、地元の議会の議員定数だって、即座に答えられる人は極めて少数だろう。上下水道の料金も、ゴミの収集も、小中学校の運営なども、本来なら住民自身の生活に最も密接に関わってくるのが地方議会・議員なのに。

地方議員の「なり手不足」に妙案はあるか

さて、ではいったいなぜ、こうなってしまったのか。ここからは、その理由を探っていこう。

第一に挙げられるのが、「どうせ誰がやっても、何も変わらない」という思いが地方議会・議員への無関心の背景にあるとしたら、その理由の一つだと思われるのが地方議員の「なり手不足」だ。朝日新聞が2023年の統一地方選挙の前に全国の全ての地方議会に行ったアンケート調査によると、「なり手不足」と答えたのは40・6％。直近の選挙で「無投票だった地方議会は271（15・2％）。このうち18市町村が「定数割れ」だった。県別での無投票のワースト5は長野県39・74％、石川県30％、福島県28・33％、岩手県26・47％、北海道26・11％。

無投票当選が目立つのは道府県議選と町村議選だ。ただ、同じ無投票当選といっても、道府県議選と町村議選では「中身」がかなり違う。2019年の統一地方選挙は41の道府県で行われたが、このうち約40％にあたる371区で総定数の約26・9％（612人）が無投票当選している。

道府県議と言えば、国会議員ほどではないにしても、「自分は政治家」だと名乗って誰も文句を言わないレベル。専業率が高いし、政治を志すというか国会議員へのステップアップを考える人たちが多くいることも事実。であれば、もっと激しい競争があってもいいはずなのに、なぜ、これほど無投票当選者が多いのか、疑問に思う人は少なくないはずだ。

だが、これにはそれなりの理由がある。一つは選挙区の定数問題。道府県議選挙の定数を見ると、大政党（主に自民党）に有利な1人区と2人区が全体の約70％を占める。今から約70年前には20％弱だったから、3倍以上の増加だ。このうち1人区が占める割合は約40％。定数の少ない選挙区では誰が有利か。言うまでもなく強固な地盤を築き、大政党の看板を背負った候補者だ。新顔がこれに挑戦するのは、最初から勝ち目のない戦いに挑むようなもの。なので、無投票当選者が大量に発生するというわけ。

さらにもう一つの理由を上げれば、野党の弱体化だ。元気で有権者の支持もそれなりに高く、地方でも期待感を集めるような野党があれば、強固な地盤を持つ現職の自民党候補に挑戦しようという候補者が出てきてもおかしくない。僕は1998年の民主党結成から3年ほど、この党の事務局長を務めた。当時の民主党はそれなりに勢いがあり、衆参の選挙では議席を増やし続けていた。それで、候補者が足りないので選挙前には公募によって候補者を集めた。これに応募してきた人たちの中には「自民党から出たいけど、現職で埋まっていて無理。それなら民主党から」といった感じのヤツがかなりいた。まあ、いい加減と言えばいい加減な理由だが、それでも「出たい」と言ってくるだけましだろう。

余談になるが、僕は政治家のタイプは大きく2つに分かれると思っている。「なりたい」政治家と「なったら」政治家がそれだ。「なりたい」は、とにかく政治家になりたいだけの人。だから、なったらそれで目標達成となる。あとは、その椅子にしがみつくしかやることがない。一方、「なったら」

は、「政治家になったら、これをやりたい」という明確な目標を持っている人だ。どちらが、「まとも」な政治家なのかは、言うまでもないだろう。

さて、話を戻すと、今の野党はどうか。どういうわけか大阪とその周辺で抜群の強さを誇る「大阪維新の会」は特異な存在だとして、それ以外の野党の非力なこと。勢いがなく、有権者からの期待感もない野党から「都道府県議選挙に挑戦したい」と考える人材が現れないのは当然だ。だって、出ても勝てる可能性がほぼないんだから。具体的に言えば、2007年の統一地方選挙で当時は政権を目指して勢いに乗っていた民主党が、道府県議選では全国で476人の候補者を立てた。ところがそのあと、民主党は消滅。2019年は立憲民主党と国民民主党を合わせても300人しか候補者を立てていない。これではハナから戦闘放棄したようなもの。自民党系の候補者が無投票で悠々と当選するのは当たり前だろう。

まあ、これはこれで問題だが、こちらの場合は「なり手不足」というより、自民党の「一強」と野党の「他弱」によって起きている事態だと言うべきか。それはさておき、「なり手不足」がより深刻なのは町村議員だ。単純計算して全町村議員のうち約4分の1が無投票当選者で、2019年以降の地方選挙で候補者が足りずに定数が不足してしまった町村が17つもある。確認できるデータが2015年の統一地方選挙とちょっと古いが、さらに詳しく見てみると、自治体の人口別で人口1000人未満の自治体（17）では約65％が、1万人未満の自治体では約27％が無投票当選者。これが3万人未満の自治体だと約17％、3万〜10万人未満で9％、10万人以上はゼロと、人口の多少で明確に分かれる。大半の町村が3万人未満であることは言うまでもない。道府県議選と違って、町村議選での無投票当選の多発は、文字どおりなり手がいないからだ。定数ぎりぎりの候補者しかいない選挙では立候補即当選となるわけで、これでは選挙なんかする意味がないから、有権者の関心が低いはずだよね。

一方、市議会議員選は無投票当選が極めて少ない。政令都市ですら無投票当選率が3・4％なのに対し、一般市議選はわずか2・7％。おそらく、これは市議選の選挙区が自治体単位で、しかも大選挙区制であるため、新人でも立候補しやすいことと、あとでも出てくるが、議員報酬がそこそこもらえること、当選するための得票数などの「規模」が適度なことなどが理由ではないかと思われる。総じて言えば、地方議会の中でも町村議会がダントツで人材枯渇状況にあるということかもしれない。

定例議会の日程は農閑期!?

では、なぜなり手が不足しているのだろう。一つは言うまでもなく、過疎地を中心とする人口の減少（流失）だ。小規模自治体はイコール「過疎自治体」ということになる。そうした地域では全体的な人口流失に加えて、若い世代の流失が激しい。「過疎」と「高齢化」はセットだ。当然、「新たな人材を議会へ」と思っても、そもそも若い人がいない。若い人が働く場である企業や工場がない。地方でよく聞くのが、「地元で若い人が就ける魅力的な職場は、町村役場の職員か、農協職員くらい」といった声だ。となれば、多くが農林業や自営業で生計を立てている年配の人たちが片手間で、あるいは地域の相談役として、中には名誉職的感覚で、さらにお叱りを覚悟で言えば暇つぶしで、議席を埋めているとしても不思議ではない。町村議員の平均年齢は64・2歳、60歳以上が77・1％を占めている。ちなみに、町村議員の職業を見てみると農業がトップで29％、次いで議員専業が22・8％、建設業が6・4％などとなっている。議員報酬の額から考えると、議員専業の人たちは実質的な「ご隠居さん」ではないか。失礼な言い方になるが、そうした議員に思い切った改革や新たな挑戦、行政に対する厳しいチェック機能を求めるのは酷と言うものだろう。

これも余談になるが、なぜ地方議員の職業で農業がトップか。これにはちゃんと理由があるらしい。地方議会の定例会はほとんどが年4回で、6・9・12・2月に開かれる。かつては地方議員の多くが今以上に農家、それも専業農家で占められていた。そこで、農家の1年間のサイクルを考えてみると、まず6月は田植えが終わってひと息ついている頃だし、9月は田んぼの草取りが終わった時期、12月は稲刈りなど収穫が終わったあとで、2月は旧正月の行事などを終えてゆっくりできる時期となる。要するに、議会は農閑期を意識して設定されているわけだ。地方議員の職業に農業が多いのは当然だし、かつては「地方議員＝農業」が前提だったとも言える。ただ、ひと昔前までは専業農家が多く、議員報酬が少なくても農家として一定の収入を得られたから、それで十分に生活ができた。だが、今やほとんどの農家は兼業で、大半は農協の職員や近隣の企業に勤めるサラリーマンであるので、平日に開かれる議会に出るのは難しくなっている。まだ、多いとはいえ、最大の議員供給源（農業）でさえ先細りとなりつつある状況だ。

さて、なり手不足の解決策はあるのか。一つは議員報酬の引き上げだろう。総務省のデータで見ると、議員報酬の平均は1000人未満で月額約15万円、1万人未満だと約19万円、3万人未満は約24万円、10万人未満は約35万円、10万人以上は約51万円だ。議員に「もっとちゃんと仕事をしろ」というなら、多少の引き上げはすべきだとは思う。仮に議員報酬だけで生活するとなると、やはり最低でも月額35万円以上は必要ではないか。ただ、真面目な議員は議会開会中以外にもさまざまな活動をしているだろうが、一般の住民からしたら「年4回の定例会に『出勤』するだけなのに、なんで毎月そんなに払うのか」という疑問も湧くのでは？　小規模自治体の財政事情の厳しさから見ても、そこまでの報酬引き上げは難しいだろう。

さらに、これは小さなことかもしれないが、先にちょっと触れた地方議員の兼職禁止問題がある。地方自治法の第92条によると、①国会議員、地方公共団体の長、職員や教育委員、公安委員などの行政関連職との兼務禁止、②地元の地方公共団体から業務を請け負っている企業、組織の幹部との兼業禁止という、2つの規定がある。これがもしかしたら議員への門戸を狭めている要因の一つでは？　なり手不足がここまで深刻化している状況を考えれば、この規定の部分はもう少し緩和してもいいような気がする。国会議員や首長との兼職はもちろんNGだろうが、それ以外、中でも行政関連職については、まさにそういう立場に就いている人たちこそが「なり手」候補ではないのかね。

ただ、いずれも問題点があり、手直しに時間がかかるものばかり。現状で多少なりとも効果がある解決策としては、議会の運営方式を変えることぐらいかもしれない。これは現行の地方自治法上でも可能であり、例えば議会が選択すれば、通年制や定例日方式での議会運営を採用することができる。通年制とは会期を決めず、必要なときに議会を開くことができるシステム。定例日方式とは、毎月ないし毎週の決められた曜日に議会を開く方式だ。これであれば、仮に毎週土曜日か日曜日に開くことにすればサラリーマンや子育て中の主婦も出席できるし、「土日はちょっと」と言うなら毎週金曜日の午後6時とか7時からにすれば、出席できる立場の人はかなり増えるのではないか。

一方、これは直接「なり手不足」とは関係ないことかもしれないが、地方議員の劣化、あるいは地方議員という仕事に対する魅力を削いでいると思われる要因を指摘しておきたい。それは住民の地方議会・議員に対する無関心さだ。もちろん、これは相互連関していて議会や議員側にも責任があるが、住民側もちょっと考えてみるべきではないかと思うので、あえて触れておきたい。

「号泣県議」はなぜ当選できたのか

2014年、兵庫県議会を大混乱に陥れたのが「号泣県議」事件。かなり衝撃的だったし、マスコミ報道も激しかったから、まだ覚えている人は少なくないはずだ。県内で最も高額な交通費が稼げる?城崎温泉へのカラ出張を繰り返し、政務活動費約900万円をだまし取ったとして有罪判決を受けた野々村某は、事件が発覚したときの会見で「世の中うおぉ、変えたい一心で、やっと議員になったんですゥゥー」と号泣しながら潔白を主張した人物だ。ではなぜ、彼は県会議員になれたのか。彼はそれ以前、同県の太子町長選挙を皮切りに西宮市長選挙や兵庫県議会選挙に4度出馬し、いずれも泡沫並みの得票で落選している。政治経験も支援組織もない無名の人物だったから当然だ。それがなぜか２０１１年の県議選で1万票以上の票を集めて当選した。無名の人物が突然、大量得票できた理由とは。それは彼が当時勢いに乗っていた大阪維新の会に便乗し、何の関係もないのに、勝手に「西宮『維新の会』」を名乗ったからだ。ある意味で一種の詐欺である。

　事件が発覚したあと、彼に投票した地元有権者からは「こんな人だとは思わなかった」「よく調べずに投票したことが恥ずかしい」といった声が多く聞かれたが、これは逆に言うと、1万人以上の有権者は彼がどういう人物か、政治家として適任かどうかなどは一切関係なく、「維新」という肩書（それも偽の）に投票したことを意味するのではないのか。

　もう一つ、これは「高級リゾート」として有名な神奈川県葉山町の例。２０１６年、その前年の町会議員選挙で新人ながらトップ当選した細川某が覚せい剤取締法違反で逮捕され、その後有罪となった。この男、逮捕されたあとも議員辞職を迫る声を無視して居座り続けたが、最後は有罪が確定し、失職した。彼は葉山町とは縁もゆかりもない、突然に舞い降りた「落下傘候補」だったが、トップ当選を果たす。町議選にしては派手な選挙運動を展開したこともあったが、トップ当選した最大の理由は、当時そこそこの人気があった今はなき「みんなの党」の公認をなぜか得ていたし、その党の幹部が応援に駆け付けたこともあったからだとしか考えられない。小さな町の町議選に政党の幹部が応援に入ったことなど、それまではなかったから。もちろん、第一の責任はこんな人物を公認したみんなの党にある。だが、有権者の多くは彼の人となりなど全く知らないまま、「みんなの党の公認候補だから」というだけで投票したのではなかったか。

地方議会に興味がない、その重要性を感じていない、そして地方議員が何をやっているのか、それが自分たちの地域や自分自身の生活にとってどんな意味や価値があるのかをあまり考えたことのない有権者が多ければ、こんな「トンデモ議員」が誕生するのも仕方がない。

ここに紹介した2例から読み取れることとは。それは有権者が候補者個人を見るのではなく、そのバックに付いている政党や「それらしい」存在（号泣県議はインチキ政党）にしか目が向いていないという事実だ。きつい言い方をすれば、「どうせ誰がなっても同じだろ。誰でもいいや。なら候補者をいちいち吟味するのは面倒だから肩書や応援団で選んでおこう」ではなかったか。議員・議会、ついでに行政への無関心は、言葉を変えると「お任せ民主主義」となる。有権者が「どうぞご勝手に」と言っているようなものだから、「敵」が好き勝手をやっても不思議ではない。

有権者が候補者をしっかり吟味し、見極めて投票しなければ、「トンデモ議員」や「トンデモ政党」の思うつぼとなる。結果、議員の、さらにその連中で構成される議会の質が落ちるのは理の当然だ。それは回り回って、行政に対するチェック機能の低下や、地域住民のニーズを軽視したり無視したりする予算配分、行政サービスの低下、果ては自治体財政の悪化にまでつながっていく。

それなりに候補者が定数以上に手を挙げた選挙でもこれだから、「なり手不足」の自治体の場合には事態はもっと深刻だ。有権者は選ぼうと思っても選びようがなく、仕方ないので顔見知りだから、昔から地域の顔役だから、結婚式や葬式に来てくれたからといった理由で投票することになるのもわからないでもない。こういう議員を「でも・しか議員」とでも呼ぼうか。「○○さんでもいいか」「××さんしかいない」という有権者に支えられて当選する人たちが多いから、結果は、ただ漫然と何の危機感も改革志向も持たない議員たちが大多数を占め続ける議会となり、地方の政治はどんどん劣化していくことになる。

カギは新たな血の入れ換え

逆に言えば、だからこそ今、地方政治を活性化するために最も重要な課題は、まず「なり手不足」を少しでも改善していくことではないか。ただ、しつこいようだが、「なり手不足」は町村議会で見られるような単に物理的不足だけを意味するわけではない。候補者の頭数だけはそろっているように見える市区議会や、政党の看板を背負わないと当選がおぼつかない都道府県議会だって、実は「なり手」が不足しているのでは？　なぜなら、そうした議会を見ても、思い切った改革や活性化と真剣に取り組むことはなく、従来型の「惰性」に浸る「よどんだ」議会・議員はいくらでも存在しているから。つまり、解決策としては、地方議員の「量と質」両面の改善が必要だということになる。

そんな地方議会を変える、あるいはとんでもない「化学変化」を起こす可能性があるとしたら、それは「新たな血」を注入することかもしれない。「周りがみんな守旧派なのに、一人や二人の新顔が加わったからと言って、簡単に変わるはずはない」と思うのも当然かもしれないが、はたして本当にそうだろうか。

例えば、議会改革の先進的自治体として、全国の注目を集めている長野県飯綱町には、2009年から2017年まで町議会の議長を務めた寺島渉さんという人がいる。時に孤立無援の中、さまざまな障害を乗り越えて、議決、監視、政策立案という議会本来の機能を発揮できる議会に作り上げている。もちろん、寺島さん一人の力で改革が実現したわけではないだろうが、彼が声を上げなければ、動かなければ、おそらく何も変わらなかっただろう。

そういえば以前、面白い実験の話を聞いたことがある。まず、メダカを水槽に入れ、自由に泳がせておく。しばらくして水槽の真ん中くらいに透明のアクリルの仕切り板を入れて、一方にメダカを集める。初め、メダカは仕切り板の向こうに行こうとするが、当然、仕切り板にぶつかる。しばらくすると「学習」したメダカたちは反対側に行くことをあきらめてしまい、こちら側の中だけで泳ぐようになる。そこで、その仕切り板を取ってみるが、メダカたちは相変わらず、真ん中から向こう側には行こうとはしない。そこに新しいメダカを一匹入れる。この新参者は仕切り板の存在を知らないから、スイスイと水槽全体を泳ぎ回る。すると、それまで「越境」できないと思い込んでいたほかのメダカたちも、つられて（?）自由に泳ぎ回るようになったという。実験の結果は、新しい血の導入が、思いのほか大きな効果を上げることがあるということを物語っている。

さて、水槽を地方議会に、メダカを地方議員に当てはめて考えてみたい。地域が寂れていく中、地元に長く住んでいて、「仕方がない」とあきらめている人は多いだろうが、一方で「このままではだめだ」と思っている人や、地元を離れて長く都会に住んでいたけど故郷に戻り、その荒廃ぶりに衝撃を受けた人、新たな移住先として住んでみたら地域が抱えるさまざまな課題が見えた人…。そんな人たちも少なくないに違いない。彼らがもしも何か自分なりにアクションを起こそうと思ったとすれば、ひょっとしたら選択肢の一つに議員になって、少しでも変えてみたい、地域の抱える課題の解決に取り組んでみたいという考えが浮かんでくるかもしれない。でも、ほとんどの人は政治家になるなんて考えたこともないだろうし、どうやったらなれるのかもわからない。「自分の顔が載ったポスターを街中に貼り巡らすなんて、恥ずかしくて考えられない」と思うだろうし、まして「自分がもし議員になったとしても、自分一人で何ができるのか」と考えると、「やっぱりやめよう」となるのでは？でも、メダカだってたった1匹が全体の行動を変えるんだよね。

今の地方議員の中にも、「このままではいけない」「変えていかなくてはダメだ」と思っている人は少なくないと思う。でも、すでにその「世界」に入り込んでしまっているために、勇気を出して声を上げることにためらいを感じている人が多いのではないかな。そこに別世界から、従来の慣習や、その場を支配している空気に一切こだわらない新参者が入ってくれれば、もしかしたら刺激を受けた彼らに動き出すきっかけを与えられるかもしれないよね。

候補者はあなた…かも知れない

地方議会、議員の抱える問題を見てきた中で、さまざまな意味で劣化を深刻化させている大きな要因が「なり手不足」であることが浮き彫りになってきた。加えて言えば、今、地方議会に必要なのは「なり手」の確保と同時に新たな血の導入、「異分子」の新規参入だということも見えてきたと思う。では、そんな人材が、この日本に存在するのか。実はそれがいるんだな、思わぬところに。何度も言うが、そう、それがあなたたち定年を迎えた方々、もしくは迎えようとしているサラリーマンの皆さんだ。

今や日本は「人生100年時代」。10年後には医療の進歩によってほとんどの病から解放される。すると、人間は120歳まで生きられるかもしれないなんて説もあるくらい。まあ、それは少々楽観的過ぎるかもしれないが、60歳ですっぱり会社を辞めた人には、平均寿命で見ればまだ20年、100歳まで生きるとすれば40年もの長い「その後」がある。当たり前だけど、65歳で定年を迎えた人には25年から35年もの長い長い時間が残されている。ひと昔前までは60歳を超えると「ご隠居さん」だったが、今や60代はまだまだ「壮年」。頭も体も衰えていないし、その気になればいくらでも社会で活躍できるだけの体力、気力、能力を維持している人が数えきれないほどいる。

厚生労働省所管の独立行政法人「高齢・障害・求職者支援機構」によれば、現在就労している60歳以上のうちの約4割が「働けるうちはいつまでも働きたい」と回答し、「70歳くらいまで働きたい」もしくは「70歳以上まで働きたい」という回答を合計すれば約6割が65歳以上まで働きたいと思っているという。もちろん、経済的な面で働かざるをえないという環境にある人も少なくないだろうが、そのような人も含めて、まだまだみんな元気だし、意欲もあるということではないか。ただ、「働く」ということは、必ずしも継続雇用などによって、それまで勤めていた会社に残り続けることや、転職だけを意味するわけではないよね。同じ働くにしても、多様な選択肢があっていいはずだ。

人事に関する情報メディア「ＨＲ・ＮＯＴＥ」によれば、２０１８年6月から２０１９年5月までの1年間で、60歳になった人は36万２２３２人。そのうち継続雇用された人が30万６９４９人いる一方で、継続雇用を希望しない定年退職者が5万４７１４人で、これは全体の約15％だという。当たり前の計算になるが、1年で5万人強ということは10年で50万人となる。２０１８年以前は継続雇用の割合がもっと少なかったはずだから、この国には60歳で定年退職したがまだまだ元気で働く気力も体力もあるという人が、何十万人もいることは間違いない。

では、この人たちは「その後」は何をしているのだろう。ほかの会社に新たな職場を見つけた人もいれば、趣味が高じて自営業を始めた人もいるだろう。地方に移住して農業やペンションなどを開業した人もいるかもしれない。でも、これらの人たちの中の一定数は、家のローンを払い終え、子供は成人して手を離れ、それなりの退職金が出たし、65歳からは年金の支給が開始にもなるから、取りあえず、のんびりしたり、旅行に行ったり、趣味に没頭したり、家庭菜園をやったり、あるいはボランティアに励んだりといった人であるはずだ。でもね、初めのほうで書いたとおり、しばらくはそれでいいかもしれないけれど、やがては朝起きて「今日は何をして時間をつぶそうか」と悩んだり、奥さんから〝粗大ゴミ〟扱いされ、肩身の狭い思いをしている人なんかも少なくないのではないかな。同時に、社会との結び付きが徐々に希薄になるような気がし始めると、「このままでいいのか」と考えるようになるのでは？

60歳まで会社で勤め上げた人たちは皆、それぞれの経験の中で、さまざまなスキルを身に付けているはずだ。それをそのまま腐らしてしまうのは、いかにももったいない。そんな人たちが、この国には今、百万人は大げさかもしれないが、固く見積もっても何十万人もいるわけだ。その一方、日本全国には人材不足で、あるいは人材の固定化によって疲弊や劣化の急速に進んでいる世界がある。この世界に参入する条件はただ一つ、「やる気」だけだ。あえて付け加えれば「使命感」もちょっとは必要かもしれないが。年齢も経験も前職も問われないし、特別な資格も必要ない。その世界とは何か。そう地方政治、地方議員の世界だ。

何度でもいうが、日本は何も東京や大阪だけで成り立っているわけではない。この国を支えているのは地方だ。その地方が疲弊し、場合によっては崩壊していくとなると、日本そのものがつぶれてしまうことになりかねない。でも、国が解決策を持っているかといえば、答えは「ノー」だ。「地方分権」だの「地方活性化」だのと言われ、少し前には威勢よく「地方創生」なんて叫んだ政権もあったけれど、少しでも何かが変わったか、地方に活力がよみがえったか。全く何も変わっていない。それどころか、このままで行くと、事態はより一層深刻になることは間違いない。

国が頼りにならないからといって、あきらめていいのか？　われわれにできることはないのか、われわれの中に何かアクションを起こせる人はいないのか？　実は定年サラリーマン（定サラ）の皆さんの中には、その可能性を秘めている人たちがたくさんいるのではないのかなと僕は思っている。もちろん、大多数の皆さんは「冗談じゃない」「考えたこともない」と言うだろう。でも、ちょっと待ってほしい。長々と書いてきたが、実はここからが「本論」だから。この先を読んでもらえば、「心と体と財布」に余裕のある「定サラ」の皆さんの中には「それ、ちょっと考えてみようかな」と思う人がきっと出てくるはずだから。

サラリーマン時代のスキルを生かせ

なぜ、定年後の、というか60歳（もちろんそれ以上でも以下でも構わない）から地方議員に転身することを勧めるのか。それはもしも実現すれば、地方議員への転身を目指す「定サラ」と地方議会双方にとって「ウイン・ウイン」となり、文字どおり「一石二鳥」になるからだ。まず、「なり手不足」の解消に一定の効果がある。同時に「なり手不足」が大きな要因の一つとなって停滞や劣化が進む一方の地方議会にとって、新たな血となる人材、つまり「定サラ」の参入は、「何かが変わる」きっかけになる可能性を秘めている。言い過ぎかもしれないが、大半の地方議員は従来型の「国にぶら下がっていれば、なんとかなる」的発想を持ち、旧来の秩序維持や、首長とのなれ合い、何より思い切った改革への後ろ向き姿勢にどっぷり浸っているか、またはやる気のない「でも・しか議員」だ。だからこそ、これまで全く無関係な世界に生きてきた人材の参入は、たとえそれが少数であっても大きな刺激剤になる可能性を秘めている。

加えて言えば「定サラ」には現役時代に培った、さまざまなスキルがある。例えば、広報業務に携わった人は自治体の広報や、公聴、情報公開に手腕を発揮するはずだ。同様に、経理だった人は財政や予算のチェックが、総務・人事経験者は行政の効率化や人員配置、効率的な職場づくりが得意分野だろう。営業職経験者は地元自治体への企業誘致や移住促進といった分野で、地域に貢献できるのではないか。さらに加えて言えば、サラリーマン時代に経営陣として企業のかじ取りに関わった人たちには、「経営感覚」がある。自治体も見方を変えれば、ある種の経営体。今の自治体に求められているのが経営感覚だとすれば、そうした人材こそまさに適任だろう。

もう一つ、実は地方議員の仕事って、「フリータイム」がたくさんある。前にも触れたが、地方議員の場合、多くの自治体で実際に拘束されるのは年4回の定例会と、たまに開かれる臨時会のみ。なので、それが年間どれくらいの日数かと言うと、都道府県議会で平均98日（2009年）、市区議会が87・1日（2014年）、町村議会が43・4日（2014年）なのだ。この中には会期中の土日などが含まれているから、実際はもっと少ない。もちろん、真面目に取り組んでいる地方議員であれば、議会開会中以外にもさまざまな会議や自治体の行事への参加や、議会での質問に向けての準備や調査、住民との対話や相談対応、活動報告の作成などによって、かなり忙しい。しつこいようだが「真面目にやれば」ね。中には「自宅でパソコンを使って資料等の作成作業などを含めると、議員としてのトータルの仕事量は多いときで月に300時間を超えるほど」という人（東京近郊の市議）もいる。サラリーマンなら、残業なしの場合、1日8時間勤務で月に20日働くとすると約160時間だから、それに比べればかなりハードと言える。

ただ、ちょっと角度を変えると、違った見方もできる。拘束時間の量だ。最近はコロナ禍の影響によってリモートワークが増えたとはいえ、平時ならサラリーマンの場合、週に5日、1日最低8時間は拘束される。前後の通勤時間も入れれば10時間超えは普通だろう。残業まで入れれば、1日12～13時間はザラのはずだ。その間は個人ではなく会社の中の「1枚の歯車」としての存在であり、自分の意思で時間を使ったり動いたりすることはほとんどない。一方、議員の場合、議会の一員として拘束される時間は限られている。それ以外の時間は自分の意思で使うことができるわけだ。真面目に取り組めば多忙かもしれないが、時間の使い方は本人の意思ですべて決めることができる。誰にも経験があるだろうが、自分が興味や関心を持った事柄に取り組んでいるときは、どんなに長時間にわたっても、それほど苦痛に感じないのでは？

自分で「自分の時間」が使える

「多忙だ」「働き過ぎて疲れる」と感じるのは、自分の意思や、興味、関心ではなく、誰かから、あるいは所属する組織からので指示で動いているときではないのか。ちょっと違う部分もあるかもしれないが、僕自身の経験で言うと、まだ40代で自民党本部のスタッフだった頃、政治改革のプロジェクトメンバーに指名されたことがある。このメンバーの仕事は、具体的には衆議院の選挙制度を変えること。中選挙区制から、今の小選挙区比例代表並立制への変更に向けた作業だった。この仕事は過酷だった。毎日深夜まで資料作成や議論、打ち合わせがあり、週に3~4日は職場の近所のホテルに泊り込み、2~3時間眠っては、また朝から会議で、それが終われば深夜まで資料の作成…。そんな日々が何カ月も続いた。当然、メンバーのうちの半数くらいは過労で倒れた。でも、僕はそれほど疲れたともつらいとも思わなかった。なぜか、面白くてしょうがなかったからだ。「自分たちの手で選挙制度を、つまりは政治を変えられる」という期待感や手応えを感じていたからだ。結果的には、前にも書いたとおり、この選挙制度改革は失敗だったと思っているが。それはともかく、当時の僕は「誰かに指示や命令をされて」という感覚ではなく、自ら求めてハードワークに取り組んでいるという意識だったような気がする。自分の意思で取り組む仕事と、強制されて、あるいは誰かの指示で、さらには生活のために「仕方なく」やる仕事とではモチベーションが全く違うはずだ。

仮に地方議員になったとしたら、当然、それは自分の意思で選んだ仕事であることを意味する。拘束される時間は、サラリーマン時代に比べれば格段に少ない。あとの時間をどう使うかはすべて自身の意思で決められる。効率的な時間の使い方ができる人は、それを仕事以外に使うこともできるだろう。一方で、議会が開かれていないときも議員としてのさまざまな活動に忙殺される人もいるかもしれない。でも、そういう人も、それに「自分の意思」で取り組んでいる以上、それほど苦にはならないはずだ。

さらにもう一つ。「定サラ議員」には、大きな強みがある。それは生活の心配がそれほどないことだ。

「定サラ」議員は意外と高収入

またまた脱線してしまうが、僕が民主党の事務局長だった当時、党が上り調子だったこともあって、総選挙を前にすると、党は候補者を公募で集めた。応募してきた人たちの中から候補者を選ぶ審査が行われるわけだが、僕は毎回、審査する側のメンバーに加わった。まあ、審査といっても時間の制限があって、小論文と短時間の面接程度だったから、結局は学歴や職歴が高いやつを選んでしまうことが多く、そんな中にとんでもない「出来損ない」がいたりすることもあった。さらに、選考するとき優先的に合格させたのが「し」の付く職業、つまり弁護士や医師、公認会計士といった資格を持っている人たちだった。理由は簡単。落選してもその資格を生かせば、生活できる人たちだからだ。一方、現役のサラリーマンからの転身となると、そうはいかない。会社を辞め、退路を断って飛び込んでくるわけだから、落選したら路頭に迷うことになる。党としては彼らの再就職先を斡旋したり、再度挑戦する人には毎月一定の活動資金を補助したりしなくてはならない。党にとって、その手間や資金的な負担はバカにならないから、どうしても「し」の付く職業の人を優先してしまうというわけ。

その点、定年を迎えたサラリーマンで、それなりの退職金があり、家のローンはなく、子供たちを巣立たせた人たちなら、あまり懐具合を心配しなくていいはずだ。あとで詳しく述べるけれど、それほど規模の大きくない自治体の選挙なら、かかるお金もそれほど大きくはない。第一、定年まで勤め上げたサラリーマンは65歳になれば厚生年金と国民年金を合わせて月額20万円以上がもらえる。企業年金も加えれば、さらにその額は大きくなる。選挙は間違いなく当選するとは限らない。でも万が一落選したとしても、直ちに生活に困ることはないのでは？　これって、かなりの優位性だよね。逆に当選すれば、生活するのに十分とは言えないまでも、一定の議員報酬は得られる。年金と合わせれば、金銭面で困ることはない。数は少ないが財政的に余裕のある自治体なら、数百票での当選が可能で、おまけに年間の議員報酬が６００～７００万円というところもある。これだけあれば、年金は全額貯金に回せるのでは？

何より議員になれば、毎日「今日は何をしよう」と悩むことがないうえに、地域のため住民のために使命感を持って働くという充実感を味わうことができる。これは何物にも代えがたい喜びであり、手応えではないのか。

一方の議会側にとっても、まず「なり手不足」解消の一助になる。新たな血の導入は、止まらない劣化と、高齢化、人口流失が続き、働く場も失われていく中、国からのお金も先細りしていくという現実を前に、手詰まり状態に陥っている地方に、従来とは違った視点を持ち込むことになり、議会の活性化が図られる可能性がある。その結果、もしかしたらひと筋の光明が見出せるかもしれない。たぶん、従来型の「でも・しか議員」たちから、定サラ議員は当初は煙たがられるだろう。「昨日までサラリーマンだったやつに政治がわかるか」「地域の実情も知らないで、勝手なことを言うな」なんて嫌味を言われるかもしれない。でも、ひるむことはない。

多くは社会の在り方が大きく変化したことや、国の地方に対する姿勢・政策に責任があることは事実だろうが、これまでの地方政治・議員が十分に機能していれば、もう少し違った姿が見られたはずだ。行政自体ももちろんだが、地方の議会・議員も変わらなければ、この流れは止められない。とすれば、あなたたち「新規参入者」が、その起爆剤になるかもしれないではないか。構うことはない。これまで身に付けたスキルを活用して、遠慮なくどんどん暴れればいい。やがてはそれが、地域にとってプラスになるという信念さえあれば、いずれは議会も住民も受け入れてくれるはずだ。客観的に見れば、「定サラ」の地方政治参加は地方の議会や住民にとって歓迎すべきアクションであることは間違いない。

どう？　自信を持ってチャレンジしてみたら？

ポイントは「どこで立候補するか」

「いざ出馬」となった場合の具体的な選挙戦術は、別の項目で改めて詳述するとして、ここではざっくばらんに「地方議員を目指してみようかな」と思い始めた人に、どこで、どんなパターンで、どうやって出馬に漕ぎ着ければいいのかという話をしよう。

まずは基本的なことから。地方議員に出馬する条件（被選挙権）は①満年齢25歳以上の日本国民、②自身の居住地であること、③違法行為により被選挙権が停止されていないこと、④供託金が用意できることなどだ。①はいいとして、②について言うと、これは市区町村議員選挙限定の条件だ。衆参両院や都道府県知事、都道府県議会、市区長の選挙では、その選挙区の地域内に住んでいなくても立候補できる。これ、ちょっと不思議だけどね。③を少し詳しく説明すると、禁固以上の刑に処せられて、その執行中である場合や、選挙に関する犯罪によって選挙権や被選挙権が停止されている人は、当然ながら立候補できない。④の供託金だが、金額について議論はあるものの、これは冗談や単なる売名行為で立候補するやつを出さないための規定で、一定票数以下だと没収となる。例えば、一般市の選挙では有効投票数 ÷ 議員定数 ×10分の1未満だと没収だ。金額は衆議院の小選挙区が300万円、比例代表が600万円、小選挙区と比例代表の重複がプラス300万円、参議院比例代表が600万円、同選挙区が300万円、都道府県知事が300万円、都道府県議会が60万円、政令市議会が

50万円、その他の市議会が30万円で、町村議会については以前なら供託金はいらなかったが、2020年の公職選挙法改正で、市議会並みになった。ビラやポスターの費用を公営の対象にするすることとセットで供託金制度を導入することになったことによるものだ。金額は15万円。

次に、これまで政治とは無縁だった「定サラ」は、どこから出馬すればいいのか。もちろん、まず頭に浮かぶのは自分の住んでいる自治体だろう。だが、大多数の「定サラ」は仕事の関係からして、人口の多い都市部やその周辺の居住者のはず。都市部居住者の場合は、もともとそこが地元で、親族に政治家や著名な人物がいたり、有力な支援組織を持っていたりすれば別だが、ごく普通のサラリーマン生活を送ってきた人の場合、「プロ政治家」がひしめくところに出馬しても、なかなか当選はおぼつかないだろうから、これはかなり難しい。第一、これでは「疲弊する地方に活力を注入するために『定サラ』の政治参加を」という趣旨からすると、ちょっとズレているような気がする。まあ、都市周辺で、しかも人口がそれほど多くないところなら、可能性はなくもないが。こうした地域は新住民も少なくないだろうから、地元に根を張っていない新たな参入者であっても、受け入れられる素地がある。

別の選択肢というか、本来の趣旨からすると、最も望ましいのは故郷(ふるさと)へのUターンだ。都市部でサラリーマン生活を送った人でも、元をただせば地方出身で、高校卒業後に都会で就職したり、大都市の大学に進み、そのまま都市部の企業に就職したりした人が多いはず。故郷に地縁や血縁が残っていることが有利に働くだろう。ただ、この場合、注意しなくてはならないことがある。そもそも地方に住む人たちにとって、ひと昔前までは今と違ってその土地を離れて都会に出ること自体がレアケースだった。ちなみに、今でこそ大学・短大進学率は50％を超えているが、例えば１９６２年生まれ（今年60歳）の人の大学進学率は４人に１人（19・３％）、１９５７年生まれ（65歳）だと16・１％に過ぎない。今もそうだが、当時は今以上に都市部の人と比べて地方の人の大学進学率は低かっただろうから、高校を出て、地元で就職する人より、ずっと少なかったはずだ。ましてや地元を離れ、遠く東京や大阪の有名大学に進む人は「地元の星」だったのでは。

　ここでは仮に、地方出身で都会の大学を出て、そのまま地元に帰ることなく都会でサラリーマン生活を送った人がいて、定年後、まだ生家のある地元に戻り、選挙に出ようとしたとする。（たぶん）本人は「地元ではエリートだった」という意識がどこかにあるだろう？　地元に残って生活してきた人たちの彼を見る目も同じではないか。それがいいほうに働けば問題はない。都会に出てからも小中学校や高校時代の友達とつながり続けていて、皆から「あいつは優秀だけど、偉ぶらないし性格のいいやつだ」と思われ、たまに帰ると友達が集まってくれるような人物だったら、地元に帰って活動を始めても歓迎されるだろうし、選挙に出るとなれば応援してくれるだろう。

　でも逆に「あいつは昔から勉強ができたけれど、付き合いづらかったな。どうせ俺たちと違ってエリートだからな」「地元を捨てて出ていったくせに、今さら帰ってきて議員になりたいって言われてもな」なんて思われているような人は、辞めたほうがいい。自分がどちらのタイプかは自分で判断してみればいいだろう。

そういえば、一時は「総理候補」と言われたが、当時の首相の森喜朗氏に反旗を翻した（「加藤の乱」と言われている）ことで、その目が消えた加藤紘一氏（故人）が、生前にこんなことを言っていた。

「都会に出ていた人間が定年で地元に帰って選挙に出ようとしても、『あいつは一度、地元を捨てた人間だ』と言われ、かえってダメかもしれないね。それなら思い切って奥さんの地元に行くほうがいい。女性の中には地元に帰ると、すぐに昔の友達や知り合いになじむ人が多い。奥さんの地元で2〜3年かけて顔を売れば、何とかなるのではないかな」

そう、もしも奥さんが地方の出身だったら、それも一つの選択肢になるのではないかな。また、サラリーマン人生には転勤が付き物だろう。もしも、地方に赴任した経験があり、当時一緒に働いた、あるいはビジネス上で親しくなった人たちと今でも交流があるという人なら、その地で出馬するというのも「あり」かもしれないね。

さらに、こんなパターンもあるかもしれない。最近はリモートワークが進んだことで、都会からちょっと離れた「とかいなか」への移住が増えているという話題を耳にすることが多い。中には、そうした地域で定年を迎える人も出てくるだろうし、それとは別に、以前から少しずつ「定年後は自然豊かな地方へ」と移住する人が増えている。そう考えて移住した人たちは、おそらくそこが終の棲家となるはずだ。でも、住んでみてその地方がさまざまな問題を抱えていることを知り、「ここをもう少し改善すれば」とか、「こんな特色があるのに、なぜそれを生かせないんだろう」といった思いを抱く人もいるはずだ。新たな住民だからこそ、昔からそこに住んでいる人たちでは気付かないような視点や発想で「街づくり」をしてみたいという思いを抱いたとしたら？　それを実現する方法の一つが地方議員になってみることではないのか。もちろん、新住民が地域に溶け込み、選挙で支持を集めるには、それなりの努力と苦労が必要だろう。でも、時間をかけて、地道に活動を続ければ、道は開けるかもしれない。

狙い目は人口が少ない市町村

さて、これまで「地方議員になったらどうよ」と言ってきたが、「よしやってみるか」と思っても、誰もがチャレンジできるわけではない。結論から言うと、「今、あなたが住んでいるところ、もしくは住もうとしているところが一定の条件に合致したら」という前提がある。もちろん「思い切って定数割れに悩む地域に移住しよう」という人がいたら話は別で、この場合はほとんど苦労せずに議員になることが可能だ。ただ、常識的に言うと、多少なりとも地理的条件はあるが、一定の条件とは主に自治体の「規模」だ。

まず、地方議員の頂点とも言える都道府県議会議員だが、これはなかなかハードルが高い。政令市議会議員も、ほぼ同様だ。これらの議員は「半職業政治家」で、当選するためには組織やカネ、知名度などが必要だし、大半が政党の公認を得ることがエントリーの資格になっている。それまで政治活動とは無縁の元サラ・定サラが急に出ようと思っても、おいそれと出られるレベルではない。当選するための獲得票数も多い。例えば神奈川県議会議員選挙だと2万から3万の票が必要だし、全国で最も人口の少ない鳥取県議会議員選挙でも、最低で約4000票を取らなくては当選できない。政令市も同様で、例えば横浜市の場合、最小得票の当選者でも1万票以上が、大阪市の場合も約8000票が必要だった。選挙にかかる費用も、都道府県議選や政令市選では1000万円単位だと言われている。それでも昔に比べればかなり少額になったようで、かつて関東近県では「県議選で1億円」などと言われるくらいにお金がかかったという話を聞いたことがある。

となれば、狙うべき主なターゲットは市町村会議員選挙ということになる。ただ、その場合でも、人口の多い市の市議選はかなり厳しい。特に県都などは1000票単位が必要だ。ちなみに人口約37万人の長野市だと、最下位当選が約2000票である。そう考えてくると、まず単純に規模で言えば、市町村あるいは選挙区の人口が5万人以下であれば「狙い目」ということになるのでは？　もちろん、知名度があったり、一定以上の組織の支援が見込めたりする人の場合はその限りではないが。

いくつか例を挙げてみる。

人口約5万人の山梨県北杜市議選（定数20、立候補者21）では最下位当選が896票

人口3万人強の福井県小浜市議選（定数18、立候補20）では554票で当選

人口約2万人強の大分県竹田市議選（定数16、立候補18）は380票で当選。

また、町村で見ると、

人口約3万3000人の神奈川県葉山町議選（定数14、立候補20）は最下位当選が467票
人口約2万人の高知県四万十町議選（定数16、立候補20）は425票で当選
人口が約5000人の福島県只見町議選（定数12、立候補13）は154票で当選（いずれも直近の選挙でのデータ）。

言うまでもないが、規模が小さくなればなるほど少ない票でも当選できる。地方に行けば行くほど閉鎖性や「よそ者」への警戒心が高いという傾向はあるものの、小規模の市議選や町村議選であれば、地域に溶け込んで何年かそれなりに活動している人が数百票を獲得することは決して不可能ではない。まして、立候補者が定数ぎりぎり、あるいは定数に届かないといったところでは、手を挙げれば議員になれるという確率は極めて高い。

最近、選挙になると全国で目に付くようになった幸福実現党。実例として的確かどうかは疑問があるが、「霊言」で知られる「幸福の科学」という新興宗教団体がバックに付いている政党だ。国政選挙などでは泡沫並みだが、実は2019年の統一地方選挙では無投票1人を含む19人もの市町村会議員を誕生させている。立候補者はほぼすべてが地元と無縁の落下傘であり、ほとんどはそれほど競争の激しくない小規模自治体の選挙で、それも下位当選だ。何が言いたいか、わかるよね。

さて、出馬にあたって、どうしても心配になるのは「選挙って、どれくらいお金がかかるの？」ではないだろうか。政治の世界には、昔からこんな言葉がある。

「選挙はカネがかかると言うが、かけるかかけないかだ。かけようと思えばいくらでもかかる」

これ、逆に言うと「工夫して、お金をかけないでやろうと思えば、できないことはない」という意味に取れるよね。前にも言ったように選挙に出るためには、まず供託金が必要だ。では、それ以外にどれくらいかかるか。これは規模によって、あるいは個人によって千差万別なので、何とも言いようがないが、一定規模以上の市議会議員選挙では200万～1000万円、小規模の市町村議選なら50万～100万円と言われている。ただ、最近では選挙運動のスタイルが多様化しており、例えば中国地方の県都で市議会議員に当選したある女性議員は街頭演説をせず、選挙運動は主にSNSを駆使して行い、チラシは自作をコピーして使うなど、徹底的に経費を削減した。この県都の市議選は一般に150万～200万円とかかると言われているにもかかわらず、約40万円に抑えて当選したというケースがあった。要するにやり方しだいといったところか。

仮に、おカネの問題はなんとか目途が付くにしても、選挙に出るためには準備が必要だ。知名度や支援組織のある人や、立候補者が定数ぎりぎりあるいは足りないといった地域は別にして、定数以上で争う選挙に全くの白紙から挑むには、まず地元に浸透することが必要だ。長く住んでいたとしても、サラリーマンだった人たちの多くにとって地元とは会社から帰って寝るだけの場所だったはずで、地元の人たちはおろか、隣人との付き合いもほとんどないというのが実態では？　であれば、まずはボランティアでも、町内会活動でも、イベント立ち上げでも、少年野球の指導でも…、とにかく地域活動をして、自身の存在を認知してもらうことが第一の関門。これには、それなりの時間がかかることを覚悟しないといけないだろう。

議員報酬を調べてみた

「選挙に出てみようかな」と考えている人にとって、その動機は使命感や地域への恩返し、自分の手で街を故郷を元気にしたいという思い、残りの時間で自分のスキルを社会に還元したいなど〝損得勘定抜き〟の純粋な気持ちからスタートしたにしても、やっぱりちょっと気になるのが、「議員の報酬って、どれくらい？」という点ではないだろうか。

前のほうでもちょっと触れているが、改めて議員報酬を詳しく調べてみた。総務省によると、政令市以外の一般市の場合、平均月額報酬は約43万円で、賞与などを加えると平均年収は７００万円程度だという。もちろん、これは規模や財政状況によってピンキリだ。一般市の最高額は石川県金沢市の月額70万円で、年収は１０００万円を超える。逆に最低は財政再生団体に指定されている北海道夕張市の月額18万円で、年収は２６０万円程度だという。

町村ではどうか。これも総務省のデータによると、平均月額報酬は21万４０００円ほど。賞与などを加えた平均年収は３６０万円程度になる。こちらももちろん、自治体によって大きく違う。中には「合併しない宣言」で有名になった福島県矢祭町のように、議員報酬そのものを廃止し、議会開会中に日当として1日3万円を出すといったところもある。

ちなみに、調べていて驚いたのは、人口3万３０００人ほどの神奈川県三浦郡葉山町が、規模の大きな市に交じって全国1718自治体の中で第375位に付け、月額40万円となっていたこと。町村議会では全国のトップで、年収にすると700万円ほどだ。さすが「御用邸の街」「高級リゾート」と称されるだけある。ついでに言うと、前にも触れたが、前回（2019年）の選挙で最下位当選者が獲得した票は467票。これだけの議員報酬があれば、それだけで十分生活が成り立つ。もちろん、これは特異な例であって、小さな市や町村では低報酬を覚悟したほうがいいだろう。

ただ、それでも最低限の収入は確保されるわけで、退職金や現役時代の預貯金があって、しかも年金がもらえる「定サラ」にとって、議員報酬の額はそれほど気にならないのかもしれない。まあ、そもそも地方議員になってみようと思うような「定サラ」にとって、議員報酬は二の次のはずだ。「座して『終わった人』になりたくない」「社会とのつながりを維持したい」「サラリーマン時代の経験や身に付けたスキルを活かして社会や地域に貢献したい」と思うからこそ、チャレンジしようとしているわけだから、議員報酬は「おまけ」のようなものだろう。さらに言えば、サラリーマン時代には出世や社会的地位、やりがいなどがあったにせよ、究極的には生活のため、家族のために給料を稼ぐことが最大の目的だったはずだが、定年になった今、金銭が目的というより、生きている手応えを感じることを求めるからこそ、未知の世界に飛び込もうとするわけだから。

第4章

現職の地方議員に聞いてみた

企業誘致で地元に雇用と活性化を

山下憲雄

岡山県伊原市議会議員

●プロフィール

１９４８年、鹿児島県薩摩川内市生まれ。鹿児島経済大学卒、72年に株式会社エミネント入社、２０００年同社社長、22年会長。２０１７年、岡山県伊原市議会議員に初当選、現在２期連続当選。座右の銘は「人間万事塞翁が馬」。

議員になるまでは？

——今にいたる歩みを簡単に伺えますか？

出身地は鹿児島。大学まで鹿児島でした。実はいったん、京都の大学に入ったんですが、ちょっと「やんちゃ」（学生運動）をしまして、地元の鹿児島経済大学（現・鹿児島国際大学）に入り直し、そこを卒業しました。卒業後は縁あって大阪にある「越前屋」、現在は「エミネント」というアパレル、というかメンズスラックスの専業メーカーに就職し、２０００年に社長、その後会長に就任し、２０１４年に61歳で退任しました。早期に退任の理由は、創業家の3代目が修業後、会社に帰ってきて、しばらく一緒に仕事をしてから、創業家を大事にするという意味で、私が自ら引いた形、円満退社ですね。

——岡山県伊原市に移られた理由は？

家内が伊原市の出身でして。２０１３年に移住しました。第2の人生の選択肢は鹿児島に帰るか、住んでいた奈良に残るか、こちらに来るかだったんですが、「老いては嫁に従え」ということで、こちらに。

――移住した時点で、政治に携わる思いがあった？

まあ、私のオヤジが田舎の町会議員をしていたこともあって、そういう選択肢もあるかな、という思いが頭のどこかにあったかもしれませんね。で、こちらに来てからしばらくして、地元ではなく周辺の人達が、「選挙がある。出てみないか」と言い始め、地元の人も「外から来た人がいうんなら、地元が立ち上がらないわけにはいかない」となって、それが広がっていった結果です。

――サラリーマンから政治家への転身。かなり思い切った決断では？

地元では全くの無名で、新住民。妻も地元出身ですが、早くから地元を離れていましたから。不思議な縁ですね。初めは妻からも、「何をしにこちらにきたの。静かに過ごすためじゃないの」といわれました。ただ、辞めると会社時代の人間関係も徐々に希薄になりますし、朝、目覚めて「今日はなにしよう」となるのか。それならもう一度現役でいこうという思いが政治の世界に入った理由かも。この仕事は元気であれば定年がありませんから。

――市議会議員になってみた感想は？

サラリーマン時代に培った経験があるので、予算や補助金の分配に関しては得意分野なんですが、その点に関しては行政にも議会にも、努力不足を感じます。それと、「有給休暇」が多すぎます。「年4場所」（定例議会は年4回）ですもの。やる人とやらない人の格差が大きすぎます。真面目にやる人は忙しい。暇なんかありません。でも、そうやって張り切っていると、「そんなに頑張ったって、議員じゃ何もできないよ」なんて古株に言われます。そこが許せない。そうした状況を変える意味でもサラリーマン経験者などの新規参入で、化学変化を起こすべきです。やはり自治体にも経営感覚を導入しないとどうにもならない。

――地方議員のなり手が減っています。議員報酬については、どう感じている？

サラリーマン経験者は年金などがありますが、議員専業だと、生活はギリギリです。だから別に家業を持っているような人じゃないと手を上げられない。家業を持っている人は「有給休暇」がないと困るわけですね。

――サラリーマン経験者が地方議員になることについてはどう思います？

リタイヤ後、年金受給年齢になってから議員になるのはいいと思います。そうした経験者でシャープな感覚を持った人が議員になれば、町を変える事ができるかも。確かに、議会は「数の世界」ですから、一人では孤軍奮闘しても結局、浮いてしまう。ただ、それでも頑張っていれば賛同者が出てくるかもしれない、それが大事だと思います

──行政と議会との関係はどうあるべき？

チェックや立案は大事なことですが、地方では他に仕事がないから、役所に優秀な人材が集まる。逆に言うと、議員の方がよほど勉強しないとね。一般質問でも、「質問のための質問」みたいなのが少なくない。議員もレベルアップしないと対抗できない。政策立案までできる人は少ないですね。議会は会派、数の世界ですから、会派の思惑が先行するんです。私は5年目ですが、これまでほとんどできなかった。これではいけないと思っています。

──地方を活性化するために、何が必要でしょうか？

今、地方には人材が残されていません。各地域の代表的組織といえば自治会ですが、それすら機能しなくなっている。だからそういうシステムをかえていかないと。例えば、消防や公民館、○○協議会…、いろんな組織があります。それを一本化して地域の人達が運営し、役所もその地域担当者を置いて、地域内で様々連携しながら運営していくとかね。「地域のことは地域で」なんて言いながら上から目線の旧態依然のやり方をしている。今は役所と住民が密接に連携しながら総合的に考えていかないと。

それと、なんといっても企業誘致が一番の特効薬でしょう。ただ、地域特性もあるし、これ一本槍では限界がありますからいろいろ改革を進めながら誘致していくことでしょうね。伊原市では私と市長が話し合って工業団地を造り、そこに大手のゴム関連企業がもうすぐ入ります。企業が地元に雇用も生みますし固定資産税も入ります。ただ、様々な条件によって、それができるところとできないところはあるでしょうけどね。

——市議2期目で「生涯現役」。県会議員とかにステップアップする気は？

それをやるなら市長でしょう。県会議員もやはり「数」なんです。ただ、年齢から言っても、自分から手を上げるって言うのはね。ただ、市議会議員になってみて、思い切った改革を進めるには、やっぱり首長じゃないと、という思いはありますね。首長は経営者ですから。

——議員生活を振り返ってみてどうですか？

私は「プレーイング・マネージャー」のつもりでやってきました。口も出すけど自分でも動く。例えば、耕作放棄地が増えたけど、「役所で何とかしろ」というだけでは何の解決策にもなりません。だから私は田んぼと畑、全部で5反を仲間と一緒にやり始めています。自らも鍬を握って汗をかく。まあ、この5年間は充実していますよ。

問題を一つづつ解決するおもしろさ

山崎宗雄
秋田県秋田市議会議員

●プロフィール
1953年秋田市生まれ。法政大学卒、秋田県農政連、タウン誌経営、秋田朝日放送報道制作局長、ニュースコメンテーター。

——市議に至る道のりは？

もともと大学生時代から記者志望だったんです。ただ、当時は就職難で、バイトしていた出版社も新卒採用なし。で、親の関係で秋田県農政連に入ったんです。最初は実績管理部門に配属されたんですが、私は計算が苦手で遅い。上司から「何ができる」と聞かれて記者志望だったことを言うと、「じゃあ広報だ」と。そこで仕事をしていた当時、「週刊秋田」というタブロイド新聞があって、そこの専務に「経営状態が厳しい。一緒に再建しないか」と誘われて入社しました。私はタウン誌にひかれていたので、31歳の時に「タウン情報秋田」を立ち上げました。その後、友人に経営を譲ってフリーに。そんな時、友人が秋田市長選に立つというので、選挙参謀のようなことをやったら、勝っちゃったんです。その選挙のおかげで色々と人間関係ができ、それが仕事にもつながっていきました。そのころ、秋田朝日放送ができまして、見に行ったら「来ないか」ということで入りました。当初は報道デスクでしたが、その後、管理職となり、50歳で報道制作局長に。普通はそこで上がりなんですが、以前からドキュメンタリーをやりたかったので、降格にはなりますが、現場のプロデューサーとして多重債務者をケアしている団体に密着したり、障害者自立支援法絡みのドキュメンタリーを作り、テレビ朝日系列の賞をもらったりしました。で、定年になった時、「コメンテーターをやらないか」という話になって再雇用の5年間は、週に二日、テレビに出ていました。

――でその後、選挙に？

定年になった翌年の4月に市議選がありました。「山崎が出る」といった話はいっぱいありましたが、可愛がっていた後輩とかがたくさん出ているので、出ませんでした。ところがその後、補欠選挙があり、自民党の候補が出馬していましたので、誰か対抗馬を出したいと思っていたんですが、立憲民主党から手を挙げる人がいない。で、まさか出されるとは思わなかったので、「誰も出ないんだったら、俺が出るぞ」っていったら、本当に「出てください」になっちゃって、私が出ることになっちゃった。なんだかダチョウ倶楽部のコントみたいですよね。

――出馬を決断した理由は？

メデイアに係る中で、常に社会を少しでも良くしたい、目指すべきは競争ではなく公平だといった思いがあって…。でも、気が付いてみたらこんな社会にするために40年頑張ってきたのか、こんな社会を子や孫に残すわけにはいかないという思いがあった。弱者にやさしい社会を作らなきゃという使命感もありました。それが背中を押したと思います。若い頃、あれだけ熱く政治を語った者たちの一人として責任があるとね。そうした意識が自分の中にあったことが、背中を押したんだと思います。

――出馬を決断した時の奥様の反応は？

妻は民生委員なので選挙には関われないんです。で、「あなたは一切選挙運動をやらなくていい」

と言いました。妻は別に賛成ではありませんでしたが、「まあ、しょうがない」といった感じですかね。僕がリタイヤしたあとだったから、そういう意味ではストレスがなかったのかもしれません。

——実際の選挙はどうでしたか？

決断したのが投票日1カ月前。用意するものがいっぱいあるのに、何もない。バタバタで、事務所も探したけれどないので、立憲民主党の会議室を借りられることになって。スタッフは高校時代の友人たちが中心でした。だから事務所が高校の部室みたいでしたね。みんな素人でしたが、良かったのは立憲の会議室を借りたので、職員や秘書の人達にわからないことがあるとすぐに聞けたことでしょうか。革新統一候補でしたが、地元で人気のある立憲の寺田静香さん（参議院議員）の全面支援がありがたかった。まあ、テレビにコメンテーターとして出ていたこともプラスでした。

——市議会議員になって今、取り組んでいることは？

今、郊外に大型のショッピングモールの建設計画が浮上しています。市長はこれまで認めてこなかったんですが、市長選の時、一転して認めたんです。僕は一貫して反対しています。これ以上、外部資本による開発はすべきじゃない。むしろ、中心市街地に都市機能を集中させ、各地域と公共交通で結び、暮らしやすい街にすべきです。反対は僕と共産党だけで少数派ですが、気にしません。あとは文化や学術工芸などの振興にも力を入れていきたい。少し自慢すると、市長になった友人の選挙公約に当時の美術専門学校を短大にするというものを僕が盛り込んで、その後、実現し、今は4年生大学になっています。今はその美大の先生たちが、街造りにいろいろ協力してくれています。

――市議会は機能していますか？

まだ1年2カ月ですから上っ面しか見えていないので、わからないことが多いんですが、市議の皆さんは常に自分の選挙を意識しているなって思います。あとは、一般質問でも、よく勉強している人もいれば「それ、質問？」と思うような人も。僕らは、皆さんの声を聴き、問題があると思えば、「解決策はないか」を聞く。でも、「これに関して問題点は何か」みたいな質問もあります。質問時間の半分で発言を止めちゃう人もいますしね。ただ、秋田市議会に関しては、質問しない議員はいません。

――サラリーマンが定年後に議員になることについては？

この歳じゃなければできなかったと思います。若い人たちよりも人脈があるし、問題点の整理の仕方もわかっていますから。サラリーマンとしてちゃんと仕事をした人は、「今さら市議会議員なんて」と思うかもしれません。でも市議会って面白いですよ。とにかくやれば手が届くんですよ。

――県議会等へのステップアップはかんがえないのでしょうか？

僕は補欠選挙で６万票取ったので、「県議会にまわれば」と言ってくる人もいます。これから何十年もやっていくならそれもありでしょうが、僕らの年齢になると、そんなに長くできるわけじゃありません。今は大上段に振りかぶるんじゃなくて、街の細かいこと、問題を一つづつ解決していくのが楽しいですね。

“生涯現役”で世の中に恩返し

中村和雄
神奈川県葉山町議会議員

●プロフィール
1942年群馬県桐生市生まれ。横浜国立大学経済学部卒、横浜市役所、福祉健康長寿部長、収入役室担当理事等を歴任。2008年、社会福祉法人であいの会理事長。2019年、葉山町議会議員。信条は「体力気力に応じた生涯現役」。

――これまでの経歴を教えて下さい

群馬県桐生市で生まれ、大学は横浜国立大学でした。就職活動が迫ってきた時、「サラリーマンになって、毎日会社に行くものどうかな」と思ったので、留年して大学院に進もうとしたんですが、1年間で挫折。では就職をと考え始めた矢先に十二指腸潰瘍で長期入院したため2年目の留年。ゼミの先生から「公務員はどうか」といわれ、横浜市の試験を受けたところ合格したんです。その後、人事委員会事務局を皮切りに、民政局企画課長、福祉保健健康長寿部長など様々な部署を経験し、最後は局長待遇の収入役室担当理事に。中でも民政局の老人福祉係長を経験したことがその後の人生に大きく影響しました。福祉の問題に目覚めたというか。退職後もずーっと福祉関係の仕事をしてきていますし、議員を目指したのも、その関係でしょうね。

――77歳で初当選、ずいぶんタイムラグがありました？

葉山に住んだのは1976年。退職後は住まいのある団地の自治会長などもしていましたが、選挙に出るなんて考えてもいませんでした。ところが2019年の選挙の1年ほど前、同じ団地にお住まいで、長く町会議員を務めておられた方から、引退するので「後継者として議員に出ませんか」と言われた。その時はとんでもないと思いましたが、いろいろ考えているうちに「燃焼しないままの人生はいやだな」と思い、よし、やってみよう、となったわけです。実は退職を前にした時、退職後は地域の人達が集まれるようなサロンを開きたいと思っていたんです。思えば、それも選挙出馬に繋がっていたのかもしれませんね。

――選挙に出る、となった時、奥さんの反応は？

妻は学校の教員で。定年後も非常勤の教師をやっていたんですが、ちょうど私が選挙に出た年に退職しました。そんなこともあったのか、別に反対はしませんでした。「やりたきゃやれば」といった感じでしたね。

――初めての選挙はどうでした？

とにかく演説が嫌でね。でも、地元の団地の自治会長だけでなく、葉山町の自治会の連合会長をやっていた関係もあって、自治会の人達が応援してくれましたし、妻の勤務していた小学校の親御さんたちも支援してくれたので、定数が14のところ3位で当選しました。もっとも、誰が私に投票してくれたのかとなると、よくわかりません。まあ、選挙期間が5日間と短かったこともあったので、それほどどきつくはなかったですね。

――議員になってみて感じたことは？

職員として、横浜市議会の議員たちも見てきましたが、まあ、ピンキリでしたね。優秀な人もいれば、議会での質問まで、職員頼りの人もいましたから。そんな人を見ていると「のんきでいいな」と思っていたのですが、いざ、自分がなってみるとプレッシャーとストレスがすごい。議案への賛否や質問に立つ時など、真面目に考え出すと、結構、悩むこともあります。未だに議決の時は緊張します。葉山の議会は14人。これくらいの規模だと、議員同士が党派などを超えて、「職場の同僚」みたいな感じで話し合ったりします。雰囲気はいいですね。一般質問は全員がやりますし、皆さん勉強している。それなりに機能していると思います。議長を先頭に、議会改革にも積極的ですしね。ただ、議会には刺激、緊張感も必要です。首長に対して厳しい意見をぶつける議員もいたほうがいい。

――サラリーマンから議員になることについてどう思いますか？

人それぞれ、に尽きますね。サラリーマン時代に、それなりの地位についたり、実績を残した人がなるのはいいと思います。でも、そういう本当に出て欲しい人って、なかなか出てくれない。そうじゃない人が手を上げたりする。やはりサラリーマンとして実績を上げてきたような人は人間性の部分でも優れていると思います。議会は党派同士でぶつかっているように見えても、どこかで折り合いをつける、一致点を見いだすことが大事だと思いますが、そういう時には、やはり人間性が問われますから。

――葉山町は議員報酬が、かなり高い方ですね？

はい。確か、全国の町村議会ではトップで、年収でいうと７００万円弱になりますか。議員報酬が適切かどうかを問われたこともあったようですが、問題ないとなったようです。確かに自治体の財政事情もあるでしょうが、若い人が議員活動に専念するためには、それなりの議員報酬があったほうがいいと思います。議員報酬が低いと、どうしても「地元商店の旦那衆」中心の議会になってしまいますから。現に、葉山では若い人が結構、議員になっていますよね。

――議員として、今の行政の問題点は？

職員の中にはやる気不足の人がいる。これは首長の姿勢も関係しているのかもしれません。また、富裕層が多いといわれている葉山にも生活に困っている人がいますが、そこに目が向いていないような気がします。さらに言えば、人気の町ですがいずれは人口減少が起きる可能性がある。それの対応が今のところは見えていないですね。

――立憲民主党の公認で出馬されましたが、理由は？

迷ったんですが、自分が何者か、どんな考えを持っているのかを示したほうがいい。それを分かった上で投票してほしいと思ったからです。

――次回の選挙は出馬されますか？

選挙の時は81歳、やれば85歳までということになりますから体がもつかどうか。年を取ると夢や希望がなくなります。自分のことばかり考えていると生きている意味が見いだせない。でも、人のためにと考えると意味があるように感じます。お世話になった世の中への恩返しで、もう一度やることを決意しました。ただ、今度出馬する時は、無所属でやるつもりです。実際に議員活動をしてみて感じたことの一つが、地方議会って、政党の肩書がない方がいいと思いましたから。

サラリーマン経験を活かして行政のつなぎ役に

鈴木真人
静岡県浜松市議会議員

●プロフィール
1959年浜松市生まれ。東京工業大学卒、ヤマハ発動機入社、エンジニアとして二輪レースで世界を転戦、チーム監督も務める。ヤマハ発動機労働組合。2019年浜松市議会議員に初当選。座右の銘は「隗より始めよ」「有言実行」

――これまでの歩みについて教えてください。

高校までは地元（浜松）で、東京の大学を出て地元のヤマハ発動機に入社しました。ヤマハではエンジニアとして二輪の世界グランプリで戦うレース部門に。国内大会を経験し、その後は海外のいろいろな国を転戦しました。国内では世界的なレーサーの平忠彦さんたちとも一緒に仕事をしたし、有名な鈴鹿の「8時間耐久レース」の監督もやりました。

ずーっとレース関係をやってきましたが、32歳から38歳まで、労働組合の専従をやりまして、それが今に繋がっているのかもしれません。労組出身の市議会議員の応援などもしましたしね。その後、レースに戻りましたが、50歳の時、法規認証部門という職場に変わった。ここは、車両の法規や認可基準などを担当する部署で、国土交通省や環境省などとも交渉しました。そういった経験も政治の世界に入る、動機の一つになったと思います。で、60歳を前にして「議員として頑張ってみよう」となったわけです。

――そうした経験をした中で、政治を身近に感じていた？

はい、「市議選に出ろ」と言われ始めたのは4年くらい前。当時は子供がまだ高校生だったこともあって「自信がない」といっていましたが、組合の専従として地域貢献をしたり、小中学校でPTAの会長をしたり。官僚との交渉を通じて、彼らを動かす術もわかってきましたので、そうしたものを生かせば、政治家として頑張れるなという思いと、ちょうど定年を迎えて、次のチャレンジという気持ちも湧いたので出馬を決意しました。

――選挙に出ることをいった時の奥様の反応は？

妻もだいぶ前から周りの人たちに言われていたらしい。最初は「ええー」って言いましたけど、「やりたいんなら応援するよ」って言ってくれました。妻は教師だったので、政治、議員の大切さはよくわかっていましたから。

――選挙はどうでした？

正直、きつかったですよ。後援会事務所もなかなか見つからなくて、知人の畑を借りてプレハブを建てたりしてね。費用は二百万円ちょっとですか。まあ地域の皆さん、推薦をくれた連合、会社ＯＢ達が一生懸命やってくれました。じゃあ、誰が投票してくれたのかと言われると、よくわかりませんね。私の地元からは、自民党の方が3期目を目指して立候補されていましたし、当初は自治会の推薦もいただけませんでしたし。ただ、選挙運動に関しては多くの地元の方がボランティアで支えてくれました。やはり地元というのは強味になります。でも、自分の顔が入ったポスターが街じゅうに張り出された時にはこっ恥ずかしかったですね。当選した時は、とにかくほっとしたというか、その分、重責を担ったんだなと感じました。

――サラリーマンから議員になって感じたことは?

市役所に来ると、皆が「センセイ」と呼ぶのが、最初の違和感でしたね。先生は学校の教師とお医者さんで十分。センセイなんて呼んだら勘違いする人もいますから。二つ目は、会社だと、実際に自分の手で変えていけるけど、議員って、行政に対して「口を出す」仕事なので、直接手を出せない。そこが歯がゆくてね。ただ、行政の担当者に「なんとかしろ」は無責任ですから、「こういうやり方はどうだ」って改善策を提起しながら話をするようにしています。それと、議員になって、これまで見えていなかったものが見えてきました。例えば、障害者への対応はまだまだ不足しているとか、高齢者など「買い物難民」への支援とか…。

――サラリーマン時代と比べて忙しいですか?

休みがないですね。会社員時代も、レース部門では、海外とやり取りするにしても時差があるので、時間に関係ない仕事でしたからあまり変わりないですけど。ただ、皆さんの税金で報酬をいただいているので、堂々と休むのは気が引けます。

――二輪レースの世界での有名人が市議になった。そこにギャップのようなものは感じなかった?

市議になったら浜松市全体のことをやるべきだと思っていました。でもいざ当選すると、地域の方からは「地元のことをどこまでやってくれるんだ」といわれる。今は両方やることが大事だと考えています。地元から全体が見えることもありますから。

――市議会に入って感じた違和感とかは？

会社は利益を追求しますから、利益に結び付くとなると皆が一体で取り組む。でも行政は利益追求じゃないので、会派の立場などから政争の具になることが多い。「素直に考えればいいのに」と思うことが多いですね。例えば、浜松市は7つの行政区を3つに再編することがようやく決まりましたが、その過程で「市民サービスが低下する」という論理で抵抗する人がいました。人口減少の中、行財政改革が必要ですから当然なんですけどね。そういう当たり前のことが当たり前じゃないという違和感がいっぱいあります。

――地方を活性化するためには何が必要でしょうか？

人に投資することでしょう。日本全体で人口が減少しています。もっと教育や子育てに投資しないと。コロナ禍で地方での子育てが見直されています。浜松でもベンチャー企業に投資したり、場所も提供していますが、「子育ての環境が不足しているから辞めた」といった話を聞くと、そこはもっとしっかりやっていくべきだと思います。

――国政等への進出は考えていない？

県議に出ないか、なんていう話も時々ありますが、市議って皆さんの顔がよく見えるポジションです。そこに密着できて、市民の悩みもよくわかる。そこにやりがいを感じます。

――サラリーマン経験は今の仕事に生きている？

まだ、具体的には見えていませんが、経験を生かす意味で、行政とのつなぎ役をやろうと思っています。行政は前例踏襲主義が少なくないですが、やはり変えるべきところは変えていくべきだと思っています。そういう発想は、やはりサラリーマン経験からくるんでしょうね。

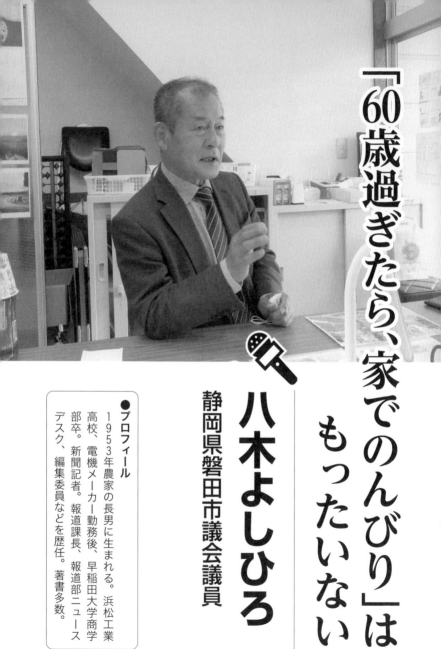

『60歳過ぎたら、家でのんびり』はもったいない

八木よしひろ
静岡県磐田市議会議員

●プロフィール
1953年農家の長男に生まれる。浜松工業高校、電機メーカー勤務後、早稲田大学商学部卒。新聞記者。報道課長、報道部ニュースデスク、編集委員などを歴任。著書多数。

――市議会議員になるまでの仕事は？

私は16歳の時、農業をやっていた父親を亡くし、当時は赤貧洗うがごとしの生活でした。工業高校を出て小さな会社に入って、それから学費をためて早稲田大学に行きました。農家の長男だったので転勤ができず、中日新聞の関連会社の中日通信という会社の募集があってそこに入ったのです。そこで中日新聞への出向という形でした。

30代の後半からニュースデスクや地方のデスク、いわゆる友軍キャップをやっていました。で、定年と同時に編集委員になって連載記事を書いていました。その中で民芸運動の歴史や、三ヶ日みかんの発祥と沿革を一年かけて、あちこち取材しました。5年間、そんな仕事をしていました。

――市会議員への転身のきっかけは。

新聞社の編集委員になってから磐田市の団地に住みました。ご多分にもれず自治会長のなり手がいない。順番で副会長や委員長が回ってきましたが、自治会長に手をあげる人がいない。仕事をしながら一年間限定で会長をやりました。そして今度は老人会、今はシニアクラブと言いますが、その会長のなり手がいない。それもやってグランドゴルフなどの娯楽の手はずなどをやっていました。「地域づくり協議会」という、こども会や婦人会などの連合体があり、そこに出入りしているといろんな課題が見えてくるんです。何よりも行政と橋渡しをする議員がいない。で、一昨年から「みんなで誰か探そうよ」となり、私が「じゃぁ、一期限定でやりますよ。皆さん応援してくださいね」と。

――記者時代の経験から、行政と地域の橋渡しが必要だと感じでいたのですね。

はい、一つの小さな成功体験がありましてね。自治会長の時でした。地域の歩道が狭い。歩行者がすれ違うのに立ち往生してしまう。そこで、市に「車道との境のガードレールを引き抜いて車道側に広げて欲しい」とお願いしたら、「予算がないので用地買収できない」と言われたのです。そこでない知恵を絞って、「歩道の内側の側溝にフタをすれば広がるじゃないか」と。これも担当部署で一蹴されました。ところが突然、「やりましょう」となった。担当課長が代わったのです。

そこで、やはり一年交代で自治会長をやってもダメで、継続してウォッチングしなきゃ変わらないと感じました。市議は一期4年あります。粘り強くやれば住民のためになると思ったのです。

――選挙に出るとき、家族の反対はありましたか。

それがなかった。反対がなかったから出たようなものです。記者時代もずいぶん好き勝手をやってきたから、「どうせ反対しても聞かない」と諦めていたんでしょう。家内は花が好きで、公会堂の花壇を見たり、ご近所の皆さんと歩道に花を植えたり。地域でそういう交流がありましたから、理解はしていました。

――選挙戦はどうでした。

大変でした、もっとも強く推してくれた人が、病気で倒れちゃった。この人は85歳くらいで地域の情報誌を出していた人で、議員との交流があり、地域の実情もよく知っている人でした。そこで地域づくり協議会や地区の社会福祉協議会の人たちが、集まって救いの手を差し伸べてくれました。もともと「地盤、看板、カバン」のない候補ですから、地域候補という形になった。自治会やシニアクラブが抱えている介護問題や、2025問題などの問題意識を持つ人がポツン、ポツンと応援してくれました。組織選挙ではありませんでした。少数激戦でしたが、定数26人の選挙で真ん中くらいの得票数。事前の準備もなく、よく当選したと思います。でも、しんどかったですね。栄養ドリンクを飲んで、お酒を控えて。でも気分が乗ると1週間は突っ走れました。選挙ハイって言うんでしょうか。

――選挙中に訴えたことは。

東海道の宿場町だった御宿地区の賑わいをどう取り戻していくかでした。毎年、開催される遠州大名行列や舞車おどりなどの大きなイベントもあります。この観光資源をどう生かしてゆくか。街を歩くと、さまざまなことに取り組んだ跡が残っています。しかし、継続して残ったものがありません。よそ者がいきなりあれこれ言っても反感を持たれることもあるけれど、外からの力でやるしかないという思いもあります。

今ある観光資源の活用は十分にできると考えています。「道の駅」を作る構想は市政と市長のやる気次第ですね。ただ、あまりバラ色の世界ではないですよ。何よりも担い手がいない。いつか地域は崩壊するのでは、という危機感もあります。この地域でも高齢化と一人暮らしと空き家がセットですからね。

でも、私は記者として地方周りが中心だったので、地方に注ぐ眼が鍛えられたたかな、という思いもありますね。

――議員になって地方議会はどんなところだと感じていますか。違和感はありますか。

違和感は大いにありますね。旧態依然というか、磐田市議会もその典型じゃないですか。私は保守系の会派に所属しています。行政のバックアップというか応援団でいようと思っていて、行政がやることの半歩先ぐらいは見えます。行政のヒアリングをしてそれに沿って提言を出せば、だいたいその通りに進んでいく。でも、根本から異論をとなえるのは難しい。

私の会派は最大会派で各委員長を独占しています。しかし、われながらこれでいいのかな、と思っています。中には一匹狼の一人会派でがんばっている議員もいます。そうじゃないといけないのでしょうが、やはり議会の中では浮いています。私は最大会派の中で、そういう立場にいて異質な分子としてちょっと浮いているのかな。「道の駅」構想も一つの政策を実現したいという思いですね。公共事業ですから議会の承認も必要ですから。

――サラリーマンが地方議員になることはどう思いますか。

まったく賛成ですね。磐田市の多くの市議の経歴を見ても、だいたい、長く地元にいて親戚や同級生がいて人脈ができていて、仕事の輪も広がっている。極端にいえば、立候補すれば当選する構図です。二千票前後でクリアしますから。だから、議会はそういう人の集まりになるきらいが多い。一方で、外で活躍して60歳前後で、「仕事は十分やった」と家でゆっくりするというのは、本当にもったいないです。そういう人がこれまでの経験を生かして議員となれば、議会が活性化する。何よりも従来の議員に比べていろいろなアイデアがでます。

政策にしても賛成か反対ではなく、「もっとこうしたらいい」という提案ができる。地方では議員も職員も長く住んでいる人たちです。そこから違う発想はでてこない。何よりも新しいことは言いにくい、という雰囲気があるのです。

――市会議員の任期はあと3年。何を目標にしていますか。

仕事の半分は、私よりひと回りぐらい若い後継者探しです。これは当選した時から考えていたことです。後継者が見つからなかった場合ですか？私がもう一回選挙に出る時の三条件を自分に課しています。

①後継者が見つからなかった時
②政策実現がまだ半ばである時
③議員活動ができる健康である時

後継者が見つかれば、②③はおいても、喜んで応援に回ります。

――サラリーマン時代に比べて忙しさはどうです。

市議がこんなに忙しいとは想像しませんでした。閉会中も委員会としての活動、今はコロナ禍対策です。会派としての活動は研修や視察、市の幹部を呼んでの政策勉強会。日常的な地域の人の意見交換・相談です。私はもともと地域から出た議員なので、市民と行政とのパイプ役は大切です。

――よく、「地方議員は楽でいい。一年間に60日の議会に出ればいい」なんて言われますが。

私の性格かも知れませんが、忙しいほどやりがいがありますね。自分の経験からいえば、定年したサラリーマンの皆さんには、ぜひ地方議員になって欲しい。自分のためにも、そして地域社会のためにも。

第5章

選挙のプロ・三浦博史さんに聞いた
当選するための「7つのトリセツ」

わが国初の選挙プランナー！三浦博史氏が必勝法を伝授

三浦博史

アスク株式会社代表

●プロフィール

1951年、東京都生まれ。慶應義塾大学卒。安田信託銀行勤務を経て、1979～1988年国会議員公設秘書。1988年米国国務省個人招聘プログラムにより、米国の政治・選挙事情視察。1989年わが国初の総合選挙プランニング会社「アスク株式会社」を設立。選挙プランナーとして数多くの国政・知事・市区長・地方選挙を手がける。

――具体的な「選挙必勝法」をうかがう前に、これから地方議員にチャレンジしてみようとする人にとって、最も大切なことを教えてください。

三浦　今、定年を迎えた会社員が地方議員を目指すケースが増えています。60歳、65歳は人生第二のスタートです。そういう方々がそれまで培ってきた経験を活かし社会に還元する。その一つの方法として地方議員を目指すことは、とてもいいことだと思います。

そのうえで、地方議員を目指すにあたって最も重要な要素は「郷土愛」です。かつて、沖縄県知事選に関わった際、有力後援者が、集まった支持者の中で、移住してまだ5年の人に「あなたはウチナンチュー（沖縄の人）」と言い、沖縄に住んで20年も経つ人に「あなたはヤマトンチュー（本土の人）」と言っていたことがあります。なぜ5年がウチナンチューで20年がヤマトンチューかを聴いてみたところ、それは、沖縄にお墓を作ったかどうかだと言うのです。5年しか住んでいなくても、沖縄にお墓を作ったということは「骨を埋める覚悟」を示したこと。20年住んでいてもお墓を作らなければ、「所詮よそ者」ということ。つまり、「この地域に尽くしたい」「ここに骨を埋めたい」という覚悟がないと、本当のつきあいはできないという例えです。骨を埋める覚悟があれば、昨日まで東京に住んでいようが大阪に住んでいようが関係ないともいえます。

とことん動いてくれる「核」を作る

――さて、具体的な選挙の話に移りますが、三浦さんの著書である『地方選挙実践マニュアル』（第一法規）の中で「当選する人の七つのチェックポイント」を指摘していますね。まず一つ目に「最低5人くらいの中核となる支持者を」とありますが、その意味は？

三浦　地元出身の一番の強みは、同級生や幼なじみが選挙区内にいることです。多くの人は地元を離れているかもしれませんが、必ず何人かは残っているはず。その何人かが選挙の中核になってくれることが大きなプラスなのです。別に本人が地元出身でなくても、例えば配偶者の故郷であっても同じです。配偶者の同級生や親族、関係者の中に「よし、私が広報をやってやろう」「私は会計を担当する」と言ってくれる人が出てくれば、自身の地元だろうが、配偶者の故郷だろうが何とかなるものです。また、会社員時代に転勤で赴任していた地域で、人脈をつくられた方も多いでしょうが、その知り合い（複数）から「おまえ、出ないか？」という声がかかれば、それもありでしょう。とにかく、どんな環境であっても、核になる人が5人くらい集まれば、まずは最低限のハードルをクリアしたことになります。逆にそうした核になる人がそれなりの期間に集まらなければ、本人にいくら意欲があってもアウトでしょうね。

重要なことは、「核」になる人＝徹底的に、本気で手伝ってくれる人であるということです。いわば候補者とほぼ一体となって活動してくれる人。「選挙に出る」というと、「頑張れよ」と言ってくる人はよくいますが、そんな人が何人いても票に結び付くわけではありません。「頑張れよ」ではなく「一緒にやろう」と言ってくれる人がいないと。付け加えると、10年ほど前までは候補者が男性だったら、「中核部隊」は全員が男性でした。今はそれではダメで女性も入れる。反対に女性候補だったら女性だけではなく男性も選対に入れることは必須でしょう。

「円満退社・退職」は必須条件

——2つ目に挙げられている「円満退社」とは？

三浦　これは、会社員が会社を辞めて立候補する場合の「心得」の一つですが、定年後に地方議員を目指す人にも当てはまる部分があります。途中退社の人の場合、「立つ鳥跡を濁さず」の如く、うまく円満退社できれば、これまでの仕事上で培ってきた人脈を、様々な形でサポーターに切り替えることが可能になります。これまでの人生で築いた人脈を選挙でのサポーターに切り替えることのできる人が、勝利を収めることのできる人と言っても過言ではありません。この点は、定年で退職した人にも当てはまります。会社員時代に上司や同僚、部下だった人や取引先などと良好な関係を築いてきた人、皆から惜しまれながら退職した人なら、「○○さんが選挙に出るらしい。何かお手伝いしてあげよう」「そうだ、あの地域には知り合いがいるから、声をかけてみよう」となるわけです。中にはボランティアに手を挙げてくれる人も出てくるかもしれません。逆に、会社員時代に上司や同僚、部下から煙たがれていたり、嫌われていた人は、人脈の活用は期待できません。様々な縁を大切にすることも選挙戦への第一歩です。

まず配偶者の壁を突破する

――3つ目に「配偶者の説得」を挙げられていますが？

三浦 選挙に出ようと思ったとき、大きな「壁」の一つとなるのが配偶者の反対です。これまでも、本人は出馬の意欲を強く持っていたのに、配偶者や家族の反対で出馬を断念した人をたくさん見てきました。20代や30代の若い人なら、親や配偶者が反対しようが「いや、それでも私はやる」もありでしょう。でも、60歳を過ぎると、これまでの人生をともにしてきた人と立候補云々で喧嘩したり、訣別するようなことは避けるべきでしょう。配偶者の説得と理解、そしてサポートは必須条件です。ポイントは「理屈より信頼」。信頼関係が築かれていれば、きっと思いを理解してくれるはずです。できれば家族全員、さらには親族からも了解を得ること。選挙は一人では勝てません。「チームワーク」が一番大切です。そもそも「配偶者や親族、友人、知人などの身近かな人を説得できない人が、第3者（有権者）を説得できますか？」ということです。

お飾りではない後援会を

――4つ目に「後援会の役員は名より実」とありますが、これはどういう意味でしょう？

三浦　選挙に出るためには、事務所を開設したり、ポスター、ビラ等のキャンペーングッズを作ったり…と、やらなければならないことが山ほどあります。でも、まずは後援会の立ち上げ、「政治団体（後援会）の届け出」が必要です。政治団体の届け出をしなければ、政治活動を行うことはできません。後援会を立ち上げるには、まず「核」（コア）となるメンバーを集めること。選挙はチームワーク。コアメンバーのチームワークがその後の活動の成否を分けると言ってもいいでしょう。

加えて言えば、選挙は元気に、楽しくやるべきです。選挙はさまざまな人の力が必要です。例えば、ボランティア。そもそもボランティアの語源は「自らの喜び」です。この点で日本と欧米では違いがあります。日本では、ボランティアをやりたいという人が来ると、10中8、9、「○○さん、何日が空いていますか？」と聞き、「月、水、金の夕方は大丈夫です」と答えると、「じゃあ、その日に来てビラ配りをお願いします」となる。でも、欧米では希望者が来るとボランティア担当者が出てきて、「ありがとうございます。ところで何がしたい、できますか？」とまず希望を聞くんです。そこで、「演説ができる」とか「個別訪問がしたい」と言えば、「じゃあ、○○日、ちょうど応援弁士がいないので、お願いします」、「この地域の個別訪問をお願いします」となる。ボランティアがやりたいこと、つまり楽しんでやれることをやってもらうことを優先する。日本の場合、ボランティアは「無料奉仕」という概念ですが、欧米は「参加して楽しむ」ということなんです。これからの選挙は、関わってくれる人が楽しく参加してもらうという要素も大切です。会社員時代には、いやな仕事もたくさんあったはず。でも、せっかく地方議員選挙に出るなら、事務所くらいは楽しく、ワクワクするような選挙戦にできるといいですよね。

そこでポイントになるのが後援会長を誰にするかです。これまでの常識では、地元の名士や有力者など、票もお金も集められる人がベストでした。国政選挙などでは今でもこのスタイルで有効な場合がありますが、一般的には、今やこうした有力者の〝神通力〟は効かなくなってきています。名前だけの「お飾り会長」ではなく、候補者の気持ちを共有し、スタッフやボランティアの皆さんと一緒に汗を流したり、選挙期間中はできる限り朝から晩まで一緒に選挙運動をやってくれる人、時間を共有できる人、地元関係者の信頼が厚い人を選ぶことが大切です。最近の後援会長に多く見られるのは、候補者の友人や恩師、同窓会の先輩、地元の元気な企業経営者などです。

選挙違反には最大注意

――5つ目に、これは当然かもしれませんが、「選挙違反は絶対にしない」とありますね。

三浦　当然のことですが、今やコンプライアンスはとても重要です。選挙違反で摘発されたら、それまでの努力や関係者の協力などがすべて水の泡になってしまいます。選挙のプロと称する人や、これまで選挙に関わってきた人の中には、自身の経験から「以前からやっているから、この程度なら大丈夫」とか「相手陣営もやっているから問題ない」などと、自分の持つ知識で勝手に判断して違反を犯すことも少なくありません。これは絶対に避けなければなりません。選挙となると、どうしても「勝つためなら、この程度のことは…」といった誘惑にかられがちですが、どんなスポーツにもルールがあるように、選挙にも決められたルールがあります。選挙に出る以上、最低限、公職選挙法や政治資金規正法などの、選挙に関係する法律を遵守する意識を持つべきです。わからないことがあれば、当該選挙管理委員会に確認しましょう。

また、選挙を手伝ってくれる人たちにも、きちんとルールを守る意識を持つように徹底する必要があります。例えば「買収行為」ですが、買収の対象は有権者だけでなく、選挙運動を行う人も含まれます。選挙運動のお礼に、地域ボランティアの方々に食事をご馳走したり日当を支払ったりすることは禁止されています。

選挙活動は24時間

――6番目として「活動の時間帯を変えること」とありますが、これはどういう意味でしょう？

三浦　選挙って、投票日前日以外は24時間活動できるんです。宣伝カーや街頭演説などで「○○をよろしくお願いします」といったマイクや車を使用した選挙運動は午前8時から午後8時までしかできませんが、時間制限なしでできる運動もたくさんあります。多くの陣営は夜の8時を過ぎると、事務所に戻って会議や翌日の遊説日程などの相談、電話がけなどをしていますが、その時間帯にも選挙運動はできるわけです。またコロナ禍もあって最近は減ってきましたが、例えば個人演説会などの支援者を集めた集会等は、告示前に終えておくべきでしょう。告示後は、普段では会えない、一人でも多くの有権者にいかにして会うかがカギです。その意味で、より多くの人に会うために、例えば、夜、タスキをかけてコンビニの前に行き、そこに3人か4人しかいなくても、「こんばんは、○○です」とやれば、その人たちに「あっ、この人選挙に出てるんだ！」って認識してもらえる。これは「個々面接」といって、公職選挙法上、問題ありません。さらに、朝の7時に駅前に行って演説しても誰も感動しないでしょうが、例えば5時半の始発電車が出る時間前に駅に行き、5人か6人しか通行人がいなくても、「おはようございます。○○です。いってらっしゃい」ってやれば、「こんなに朝早くから頑張っているんだ」という感動を与えることができるかもしれません。要は24時間をフルに使って、できるだけ多くの、普段は会えない人に会うこと、会って自分を覚えてもらうこと、その一つひとつの努力が当選につながるのです。

「熱伝導」で火をつける

――最後の7つ目に、「選挙は熱伝導」とありますが、これはどういう意味でしょう?

三浦 「プロパガンダ(propaganda)」という言葉があります。これは、マルチン・ルターによる宗教改革の広がりに危機感を持ったローマ・カトリック教会が布教のために設立した布教聖省(Sacra Congregatio de Propaganda Fide:ラテン語)内のプロパガンダ大学に由来しています。ナチスの宣伝相・ゲッペルスの例などで、日本ではあまりいい印象はありませんが、欧米の選挙ではプロパガンダが重要視されています。

プロパガンダの一例として、例えば、あるピラミッド型の組織を攻略する場合、とかくそのトップや幹部を重要視しがちです。しかし、ピラミッドの形状は上からマッチで火をつけても全体まで燃え拡がることはありませんが、下から数本のマッチで火をつけると、やがて上まで燃え上がります。組織を燃え上がらせるためには下から火をつけること。これも「熱伝導」です。

「熱伝導」は候補者本人に政治に対する熱い想いがなければ始まりません。これまでの人生は会社や家族のために一生懸命働いてきたが、定年になり、今後はこれまでの経験を生かして社会に還元したい、恩返ししたいという「熱い想い」、そうした熱源が大切です。さて、選挙は1人では戦えません。候補者だけがいくら熱くなっても、熱は伝わらないからです。だから、前述のように「核」になる〝伝道師〟の人たちがどれだけ「熱」を伝えられるかにかかってきます。例えば、この人たちが「今度、○○さんが選挙に出るので、よろしく」と言ったとき、「なんで○○さんなの？」と聞かれて、どう答えるか。ただ、「○○さんは××党だから」とか、「○○さんは地元出身、同窓生だから」などと言っても全くの他人には通用しません。

若い人は若いというだけで評価されることもありますが、60歳を過ぎたら見た目だけでは支持を得られません。ポイントは「感動できる何か」を伝えること。候補者がいかにこの地域に必要な人材か、役に立つ人材かをアピールできるか否かがカギでしょう。これには事実に基づいたエピソードが効果的です。例えば、「○○さんのこういうところ（具体的な事例を挙げて）がすごい」「○○さんはこういうことを考えていて、そこに私は感動したんだ」と言えれば、相手は「そうなんだ」と思ってくれるかもしれません。本人はもちろんですが、核になる人たちが熱意を持って「なぜ○○なのか」を熱く伝えることが大切です。

さらに言えば、やれ「防災」だの「福祉」だの「教育」だのともっともらしい風呂敷を広げても意味がありません。自身の経験や知識がこの街に役立つ、これだけは絶対に自分にしかできないと思えることは何かを抽出し、「よし、私はこれで行く」といった強烈なメッセージを発信できれば、自身はもちろん、周囲が自信をもって周辺に熱を伝えていくことができると思います。

選挙は『採用試験』

――ここまで、「当選する人の7つのチェックポイント」を聞いてきましたが、さらに付け加えるとすると、どんな点でしょうか？

三浦　まず一つひとつの広報物で「手抜きをしないこと」、そして「有権者目線に立つこと」でしょうか。選挙となれば、やることは山ほどあります。ポスター、チラシ、選挙広報、宣伝カーの運行計画、ボランティア集め…。そのどれか一つでも手抜きをしたら勝利はおぼつきません。例えば国政選挙や大きな選挙の場合、最近はＳＮＳの活用が重視されています。地方選挙の場合は、どちらかというと「地上戦」（いわゆるどぶ板選挙）が中心ですが、ネット検索しても、候補者のホームページもなく、LINEもTwitterもやっていない、となると「この人はデジタル化を重視していない、理解していない」と、一方的に負の烙印を押されかねません。自分の身の丈に合ったネット・ＳＮＳ対策はすべきです。できることはすべて、手抜きなしでやることが大切です。

もう一つは「有権者目線」に立つことです。例えばビラ一つとっても、街頭でビラを受け取ってくれたとしても、その多くは邪魔だからすぐに捨てられてしまいます。それを名刺サイズの折りたたためる形にして配ればどうでしょう。名刺サイズなら、ポケットに入るため取りあえず受け取ってくれる人も増え、電車の中で、暇な時に開いて読んでくれるかもしれません。また、ビラに関しては、新聞ですら20年も前から活字を大きくしているのに、自分の主張を盛り込みたいという思いから豆粒のような小さい文字で目いっぱい書き込む人がいます。これはご年配者に対し「読んでいただかなくて結構」というメッセージとも思われかねないのです。できる限り大きな文字で読みやすくすべきです。

選挙は、どうしても選挙をする側の自己満足に陥りがちです。そうではなく、常に有権者の目線を大切にし、寄り添う姿勢が重要です。ポスターの作成に際しても、何種類か案を作成して、一人でも多くの後援会関係者に「どれがいいか」と聞いて、評判がよかったものを採用するとか。

最後に、「選挙」は、言ってみれば「採用試験」のようなものです。有権者にどうすれば「よし、(地方議員に)採用しよう」と思ってもらえるかを意識することも大切です。服装やマナー等も自ずと決まってくるでしょう。七つのポイントを点検しながら進めば、勝利は目前です。

あとがき

朝、目が覚めて、最初に頭に浮かぶのが「今日は1日、何をして時間をつぶそうか」なんて考えることもない。家庭菜園に出かけて時間をつぶさなくてもいいし、サラリーマン時代の延長気分でゴルフに精を出さなくてもいい。暇つぶしのためだけが目的の第二の職場に向かう必要もない。朝、目覚めてまず考えることは、「よし、今日はあそこに行って、調べてみよう」「そうだ、あの資料を、もう一度精査してみよう」「そういえば、昼からは○○地区の皆さんから意見や要望を聞く約束だった」「明日は議会で質問に立つ。準備しなくては」「今日は○○地区の自治会長さんが相談に来る」などなど。朝から頭はフル回転だ。地方議員には、やろうと思えば、やることや仕事はいくらでもある。「どうしたらより良い街にできるか」「この街が抱えている問題点を改善するには、どういう方策があるのか」「過疎を食い止める妙案はないか」「もっと有効な予算の使い方はないか」など。あれこれ考え始めるとやる気と元気が湧いてくる。そんな生活は、忙しいけど充実していると思いませんか？

30年、40年と仕事を続けてきて、つらいことも苦しいこともたくさんあったけれど、無事に勤め上げて、一つのゴールにたどり着いた。定年を迎え、それなりにゆとりのある元サラリーマンたちの多くは「さて、これからはのんびりと暮らしていこう」という心境だろう。ただし、それは退職直後だけで、しばらくすると、心の中に「何か」モヤモヤしたものがたまり始めるのではないかな。たぶん、それは自分と社会とのつながりがどんどん希薄になっていくことに対する不安感のようなものでは？

もっと言えば、それは「家の中だけではなく、この社会で、自分はもう必要とされていない存在なんだ」という寂寥感かもしれない。「こんな生活が、これからもずっと続くのか」と思ったとき、あなたはどういう想いを抱くのだろう。

サラリーマン時代はそれぞれ立場や環境は違っても、現実に動いている社会の中の一員だった。たまに疑うことはあっても、歯車の1枚どころかギザギザの一辺だったとしても、「自分の存在や仕事が社会に必要とされているんだ」という自負のようなものを抱いていたはずだ。今の60歳代はひと昔前なら50歳代。中には40歳代並みに体も頭も元気な人がたくさんいる。そんなあなた、このまま「終わった人」として人生の幕切れを迎えて、それで満足ですか?

経験やスキルを持ち、精神的にも肉体的にもまだまだ活躍できるのに、活動の場をなかなか見つけられない人たちがいる。一方で、人手不足や人材不足で頭を抱えている場＝地方の自治体がある。新たな血の導入によって、もしかしたらこれらを少しでも改善できるかもしれない。よどみ切っていた「池」に、投げ込まれた「石」。それがたとえ小さな石であっても、その池に波紋が広がり、やがては波立ち始めるかもしれない。大きなことを言うなと叱られるかもしれないが、それが地方の活性化となり、ひいてはこの国全体の底上げにつながる可能性だってゼロではない。なら、この両者をうまくマッチングさせるべきだと考えるのは、理の当然だろう。国も政党も、なぜそこに気が付かないのかと、不思議な気さえする。従来型の地方議員に支えられている自民党は別にして、少なくとも弱小野党にとっては「狙いどころ」のはず。国も地方創生だの、1億総活躍だのといった、できもしないキラキラ看板を掲げるくらいなら、「定サラ活用による地方活性化戦略」を打ち上げたらどうかね。

まあ、国や政党に期待してもたぶん無理。だとしたら、ここまで読み進めてきてくれた「定サラ」の皆さんの中から、「よし、未知の世界であり、思いもかけなかった世界だけど、一つ挑戦してみるか。地方議員をやってみよう！」という人が何人かでも出てくることを期待するしかないか。

「定サラ」は、決して「終わった人」ではない。まだまだいろいろなことにチャレンジできるポテンシャルを持っている。それをみすみす無駄遣いすることは、自身にとっても社会にとっても大きな損失ではないか。今こそ、今だからこそ「定サラ」が新たな分野で活躍できるし、するべきとき。一つ、本気で考えてみませんか、そこの「あ・な・た」。

伊藤　惇夫（いとう　あつお）

1948年、神奈川県生まれ。学習院大学法学部卒。約20年にわたり自民党本部に勤務後、新進党を経て、太陽党、民政党、民主党の事務局長を歴任。2001年退任後は、政治アナリストとして雑誌等の執筆やテレビ、ラジオ番組への出演や講演活動など、幅広いメディアで活躍。「政党崩壊」（新潮新書）、「永田町『悪魔の辞典』」（文春新書）、「国家漂流」（中央公論社）、「消えた風圧」（光文社）など著書多数。

60歳から地方議員になってみる

―「定サラ」よ、夢とやりがいがそこにある…かも！―

2023年4月12日　初版第1刷発行

著　者　伊藤惇夫
発行者　二木啓孝
発行者　世界書院
〒一〇一-〇〇五二
東京都千代田区神田小川町三-一〇-四五
駿台中根ビル五階
電話　〇三-〇二〇-〇二九-九三六

印刷・製本・組版　精文堂印刷

ISBN978-4-7927-9593-1 C0031